Deutsch

5./6. Klasse

Boris Prem

Aufsatz:
Bericht, Beschreibung, Brief

Mit heraustrennbarem Lösungsteil
und Beispielaufsätzen

Mentor Übungsbuch 817

Mentor Verlag München

Der Autor: Boris Prem, Gymnasiallehrer für Deutsch, Latein und Griechisch, Autor mehrerer Lernhilfen für Deutsch und Latein

Redaktion: Elke Spitznagel

Illustrationen: Henning Schöttke, Kiel
Udo Kipper, Darmstadt (technische Zeichnungen S. 32f.)

In neuer Rechtschreibung

Umwelthinweis: Gedruckt auf chlorfrei gebleichtem Papier

Layout: Peter Glaubitz, auf der Basis des Layouts von Barbara Slowik, München
Umschlag: Iris Steiner, München
Satz: OK Satz GmbH, Unterschleißheim
Druck: Landesverlag Druckservice, Linz

Printed in Austria • ISBN 3-580-63817-3

1. 2. 3. 4. 5. 06 05 04 03 02

Inhaltsverzeichnis

Vorwort

Hallo, liebe Schülerin, lieber Schüler,

du sollst einen Bericht, eine Beschreibung oder einen sachlichen Brief schreiben und weißt nicht genau, worauf es ankommt? Du möchtest noch ein bisschen trainieren, aber möglichst schnell und ohne viel Theorie?
Dann bist du hier richtig!

Du wirst sehen: Auch Aufsatzschreiben kann man lernen.
Und zwar jetzt besonders easy:

Treffsicher — Dieses Buch ist in **kleine Lernportionen** gegliedert.
→ So findest du dich besonders schnell zurecht.

Übersichtlich — Jede Lernportion umfasst genau eine **Doppelseite**.
→ So hast du immer alles auf einen Blick.

Einleuchtend — Jede Doppelseite beginnt mit einer kurzen, klaren **Regel**.
→ So weißt du immer sofort, worauf es ankommt.

Clever — Dann gehts ans **Üben** – ganz locker, Schritt für Schritt.
→ So bereitest du dich optimal vor.

Praktisch — Der **Lösungsteil** zum Heraustrennen passt seitengetreu dazu.
→ So kontrollierst du blitzschnell – ohne Suchen und Blättern.

Am besten gleich loslegen!

Viel Spaß und ganz viel Erfolg wünscht dir dein Mentor Verlag

Noch ein Tipp — Du hast noch mehr Nachholbedarf, aber keine Lust auf Nachhilfe? Dann versuchs doch mit den **Mentor Lernhilfen**: Schau mal auf die Seite gegenüber!

A Der Bericht: Überblick verschaffen

1. ... über den Aufbau eines Berichts

Darum gehts!

Die Fähigkeit, einen sachlichen Bericht schreiben zu können, ist im Alltag häufig gefragt, z. B. für einen Unfallbericht an eine Versicherung. Auch in vielen Berufen wird sie verlangt, denke z. B. nur an den Polizeibericht oder den Zeitungsbericht.
In der Schule beschäftigen wir uns vor allem mit dem **Veranstaltungsbericht** und dem **Unfallbericht**. Sie haben folgenden Aufbau:

Veranstaltungsbericht

In der **Einleitung** beantwortest du knapp folgende W-Fragen:
- **Wann** und **wo** fand die Veranstaltung statt?
- **Wer** war der Veranstalter / beteiligte sich an der Veranstaltung?
- **Was** geschah?
- **Welches Ergebnis** / **Welche Folgen** hatte die Veranstaltung?

Im **Hauptteil** berichtest du Schritt für Schritt, **was** geschah.
Du gehst auch auf Hintergründe der Veranstaltung ein.

Im **Schluss** behandelst du die **weiteren Folgen**. Dabei wendest du dich mehr oder weniger direkt an den Leser.

Unfallbericht

In der **Einleitung** informierst du knapp über den Unfall:
- **Wann** und **wo** hat er sich ereignet?
- **Wer** war an dem Unfall beteiligt?
- **Was** ist passiert?
- **Welche Folgen** hatte der Unfall?

Im **Hauptteil** berichtest du Schritt für Schritt, **wie** sich der Unfall ereignet hat, also den **Unfallhergang**:
- genaue Bezeichnung der Unfallzeit / des Unfallortes
- Tätigkeit des Verletzten / der Verletzten zur Zeit des Unfalls
- Unfallursache
- Unfallhergang im engeren Sinn
- Art der Verletzungen / Beschädigungen
- eventuell Ansprechen der Schuldfrage

Im **Schluss** behandelst du häufig die **weiteren Folgen** des Unfalls für die Verletzten. Und / Oder du bezifferst die Höhe des Sachschadens. Der Schluss kann aber auch einen Appell oder eine Warnung enthalten, je nachdem wer Adressat (Empfänger) des Unfallberichts ist.

2. ... über die Arbeitsschritte: Checkliste

So klappts!

1. Thema erschließen

- Themenstellung mehrmals aufmerksam lesen
- Worüber soll berichtet werden? (Über eine Veranstaltung? Einen Unfall? Soll auch die Schuldfrage behandelt werden?)
- Welchem Zweck dient der Bericht, wer ist sein Adressat? (Ein Freund? Ein anonymer Leser?)
- Soll in der Ich-Form oder in der Er-/Sie-Form berichtet werden?
- Wird ein knapper oder ein ausführlicher Bericht verlangt?

2. Stoff sammeln

- Stichpunkte notieren während einer Veranstaltung / nach einem Unfall, den du als Augenzeuge beobachtet hast
- Stichpunkte notieren nach der Zeugenvernehmung

3. Stoff ordnen

Die für den Bericht verwertbaren Notizen unterstreichen, herausschreiben, kürzen, ergänzen, sinnvoll ordnen

4. Bericht ausformulieren

- Einleitung und Schluss dürfen im Verhältnis zum Hauptteil nicht zu lang sein
- In der Einleitung alle verlangten W-Fragen berücksichtigen
- Die zeitliche (chronologische) Reihenfolge einhalten
- Den einzelnen „Geschehensschritt" möglichst als Folge des vorangehenden und Ursache für den nachfolgenden darstellen
- Sich aufs Wesentliche konzentrieren, dabei aber keine für den Empfänger wichtige Information vergessen
- Sachlich schreiben (keine Spannung aufbauen, keine wörtliche Rede verwenden; keine Gefühle, keine persönlichen Eindrücke)
- Vermutungen sprachlich kennzeichnen (indirekte Rede)
- Genau schreiben (z. B. mithilfe von Adverbien, Attributen)
- Verständlich schreiben (keine komplizierten Schachtelsätze)
- Wortwiederholungen vermeiden (nicht: *dann ... und dann ...*)
- Im Schluss den Adressaten besonders berücksichtigen
- Neuen Abschnitt mit neuem Absatz beginnen

5. Durchchecken

- Das Verhältnis von Einleitung / Schluss zum Hauptteil prüfen
- Überprüfen, ob der Bericht alle für den Adressaten wichtigen Informationen enthält (unwichtige Einzelheiten rausstreichen)
- Sätze nicht unverbunden nebeneinander stehen lassen, sondern mit *zunächst, darauf, außerdem, aber* usw. verbinden
- Rechtschreib- und Grammatikfehler verbessern

B

Der Bericht

1. Von der Erzählung zum Bericht

Erzählen	Berichten
• lebendiger/anschaulicher Stil: auch inneres Geschehen (Gefühle, persönliche Eindrücke) wiedergeben, direkte Rede	• Sachstil: nur äußeres Geschehen wiedergeben, keine direkte Rede
• Spannung, die auf einen Höhepunkt zusteuert	• keine Spannung, kein Höhepunkt (linear)
• ausführliche Darstellung	• knappe Darstellung

Die Ermordung Cäsars

1. Cäsar wurde seine Ermordung durch deutliche Wunderzeichen angekündigt. 2. Der Seher Spurinna schärfte ihm ein, er solle sich vor einer Gefahr hüten, die ihn spätestens am 15. März treffen würde. 3. Daher beabsichtigte er zunächst, zu Hause zu bleiben und das, was er auf der Senatsversammlung noch erledigen wollte, zu verschieben. 4. Schließlich aber – er konnte die zahlreich versammelten Senatoren nicht einfach im Stich lassen – ging er doch zum Rathaus. 5. Dort machte er sich über Spurinna lustig: Seine Prophezeiung habe sich ja doch nicht erfüllt, der 15. März sei nun da, ohne dass ihm etwas passiert sei. 6. Der Tag sei zwar nun da, entgegnete dieser, aber noch nicht vorüber. 7. Als Cäsar sich niedersetzte, heuchelten die Verschwörer Diensteifer und stellten sich um ihn herum im Kreis auf. 8. Genau in diesem Augenblick trat Cimber Tullius an ihn heran, als ob er eine Bitte vorbringen wollte. 9. Als ihn Cäsar aber zurückweist, reißt er ihm die Toga von der Schulter. 10. Und als Cäsar schreit: „Das ist ja Gewalt!", verletzt einer der Casca-Brüder ihn von hinten knapp unterhalb der Kehle. 11. Cäsar bekam Casca am Arm zu fassen und durchbohrte ihn mit seinem Schreibgriffel; als er aber versuchte aufzuspringen, wurde er durch eine zweite Verwundung daran gehindert. 12. Weil er nun merkte, dass er von allen Seiten mit gezückten Dolchen angegriffen wurde, bedeckte er seinen Kopf mit der Toga und zog sie zugleich mit der linken Hand bis über die Fußknöchel. 13. Das tat er, damit auch der untere Teil seines Körpers bedeckt wäre und er so in Ehren sterben könne. 14. Nach der Tat flohen die Mörder. 15. Insgesamt ist Cäsar 23 Mal durchbohrt worden, wobei ihm nur ein einziges Mal, nämlich beim ersten Hieb, ein lautloser Seufzer entfuhr.
(nach Sueton)

Übung 1

Obwohl ein Geschichtsschreiber den Text verfasst hat, gleicht er einer spannenden Erzählung. Markiere die Stelle, an der die Spannung ihren Höhepunkt erreicht hat, mit einem Kreuz. Kurz vor dem Höhepunkt steht statt des Präteritums (1. Vergangenheit) das Präsens (Gegenwart), um die Spannung zu steigern. Unterstreiche die betreffenden Verben im Präsens.

Übung 2

Der Text enthält auch Hinweise auf Cäsars innere Einstellungen. Welcher Satz macht deutlich, dass Cäsar …

1. … große Selbstbeherrschung besaß? Satz Nr. ....
2. … sich gern über seine Mitmenschen lustig machte? Satz Nr. ....
3. … auf seine Ehre bedacht war? Satz Nr. ....
4. … pflichtbewusst war? Satz Nr. ....

Übung 3

Stell dir nun vor, du bist römischer Rundfunkreporter und sollst die Nachricht über Cäsars Ermordung verlesen. Wie könnte die Meldung lauten? Wenn du mehr über Cäsar weißt als das, was im Text steht, darfst du es mit einfließen lassen.

....

....

....

....

....

....

....

....

....

....

....

....

....

2. Die verschiedenen Arten des Berichts unterscheiden

Es gibt viele Arten von Berichten, z. B.
- Veranstaltungsbericht
- Arbeitsbericht
- Unfallbericht
- Polizeibericht
- Zeitungsbericht

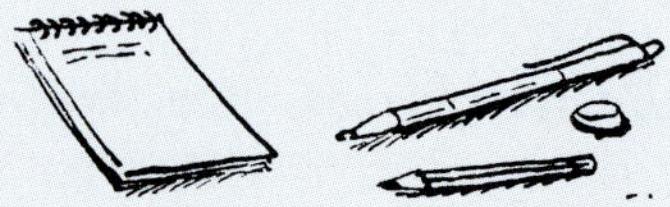

Text 1

Am Unfalltag arbeitete ich als Funkamateur auf der obersten Plattform meines 25 Meter hohen Antennenmastes. Als ich mit meinen Reparaturarbeiten fertig war, stellte ich fest, dass sich im Zuge meiner Arbeiten Werkzeuge und Ersatzteile mit einem Gewicht von etwa 150 kg auf der Plattform angesammelt hatten. Statt diese Teile einzeln über die Stehleiter nach unten zu schaffen, entschied ich mich dafür, sie in einem stabilen Korb hinabzubefördern, und zwar unter Verwendung eines Seils und einer oben am Mast befestigten Umlenkrolle. Über dieses altbekannte Hilfsmittel hatte ich nämlich alles problemlos nach oben transportieren können. Um jedoch alle Risiken mit Sicherheit ausschließen zu können, begab ich mich zunächst nach unten und befestigte das untere Ende des Seils am Boden. Anschließend kletterte ich wieder nach oben und belud den Korb mit den erwähnten Gegenständen. Danach kehrte ich endgültig auf den Erdboden zurück und löste das Seil von seiner Befestigung …

Text 2

Im Rahmen der diesjährigen Projekttage zum Thema „Leben in Zentralasien", die vom 25.–28.11. an unserer Schule stattfanden, habe ich zusammen mit weiteren 14 Schülern der 6. Jahrgangsstufe in der Projektgruppe „Wir bauen ein Nomadenzelt" mitgearbeitet. Herr Rastlos, der die Gruppe leitete, stellte uns die für den Bau erforderlichen Materialien zur Verfügung: Holzpfähle und Holzstangen aus Birkenholz, Federgrasmatten, Filz, Lederriemen und Seile. Am ersten Projekttag galt es, die Holzstangen zu bearbeiten. Zu diesem Zweck wurden wir in drei Gruppen eingeteilt: Die Schüler der ersten Gruppe erhielten die Anweisung, die Birkenstangen auf eine bestimmte Länge zuzusägen, die der zweiten Gruppe sollten die noch unbehandelten Stangen mithilfe von Sandpapier glätten. Die Aufgabe der dritten Gruppe, zu der auch ich gehörte, bestand darin, die zurechtgesägten und geglätteten Stangen mit einem Schutzanstrich zu versehen …

Text 3

Vor ca. einer Woche erhielt ein international tätiger schweizerischer Briefmarkenhändler einen Anruf von einem ihm unbekannten Mann, der ihm eine mehrere Millionen Euro wertvolle Briefmarkensammlung anbot. Diese würde aus einem Nachlass stammen. Bereits bei den ersten Verhandlungen wurde von einer Anzahlung in Höhe von 250.000 € gesprochen. Es wurde in Starnberg, am Bahnhof, am Donnerstag, 17.01.2002, ein Treffen vereinbart, zu dem der 55-jährige Händler aus der Schweiz anreiste. Dort stieg der spätere Räuber, ein ca. 35- bis 40-jähriger Mann, in das Fahrzeug, einen blauen Chrysler Voyager, und wollte dem Geschäftsmann zunächst den Weg zu einem Haus zeigen, in dem die wertvolle Sammlung gelagert sei. Nach einer Walddurchfahrt ließ der Unbekannte anhalten, stieg aus, öffnete seinen Aktenkoffer und entnahm daraus eine abgesägte Schrotflinte …

Text 4
Gegen 8.40 Uhr schloss uns Frau Golding, die den Wettbewerb leitete, den Musiksaal auf. Zusammen mit Claudia, die auch die 6c besucht, betrat ich den ovalen, mit nach hinten aufsteigenden Sitzreihen ausgestatteten Raum. Frau Golding ließ uns beide und auch die übrigen acht Sechstklässler, die genau wie wir Klassensieger waren, in der vordersten Reihe Platz nehmen. Unsere Deutschlehrer, die die Jury bildeten, ließen sich auf den Sitzen hinter uns nieder. Nun erklärte uns Frau Golding noch einmal den Ablauf des Wettbewerbs. Zunächst solle jeder Teilnehmer den von ihm zu Hause vorbereiteten Text vorlesen. In einem zweiten Durchgang würde Frau Golding uns dann einen uns unbekannten Text vorlegen. Es musste nur noch die Reihenfolge ausgelost werden, in der wir vorlesen würden. Frau Golding ließ die Kandidaten Karten ziehen, die mit Nummern von eins bis zehn versehen waren. Ich zog die Karte mit der Nummer eins …

Text 5
Washington. Wegen Tierquälerei ist ein 19-Jähriger von einem Gericht im US-Bundesstaat North Carolina zum Lesen aller „Lassie"-Bücher verurteilt worden. Der Angeklagte behauptet, von dem Pitbull seiner Mutter mehrmals gebissen worden zu sein. Sie habe ihren Hund auf ihn losgelassen, weil sie mit seinem Lebenswandel nicht einverstanden gewesen sei. Schließlich habe er sich nicht mehr anders zu helfen gewusst und auf das Tier geschossen, ohne es aber töten zu wollen. Das Gericht sieht es hingegen als erwiesen an, dass der junge Mann den Pitbull seiner Mutter nicht nur erschossen, sondern auch gehäutet und geköpft hat. Das Urteil hat ein unterschiedliches Echo hervorgerufen …

Übung 1

Ordne die fünf Texte den fünf oben genannten Berichtarten zu.

Übung 2

Ergänze die Tabelle.

	Ich-Form / Er-/Sie-Form	**Adressat (Empfänger)**
Text 1	Ich-Form	
Text 2		z. B. ein Freund, die Schülerzeitung
Text 3		
Text 4		
Text 5		

Übung 3

Nenne zwei weitere Berichtarten.

3. Der Veranstaltungsbericht I: Die W-Fragen

In der **Einleitung** eines Veranstaltungsberichts gibst du eine knappe Antwort auf folgende W-Fragen:

- **Wann** und **wo** fand die Veranstaltung statt?
- **Wer** war der Veranstalter / beteiligte sich an der Veranstaltung?
- **Was** geschah?
- **Welches Ergebnis** / **Welche Folgen** hatte die Veranstaltung?

Im **Hauptteil** berichtest du Schritt für Schritt, **was** geschah. Du gehst auch auf Hintergründe der Veranstaltung ein.

Im **Schluss** behandelst du die **weiteren Folgen**. Dabei wendest du dich mehr oder weniger direkt an den Leser.

Erst spätabends kommt der zehnjährige Urs nach Hause. Er hat etwas Besonderes erlebt: Mutti, du hast dir doch hoffentlich keine Sorgen wegen mir gemacht! Weißt du, wo ich war? Unten an der Bundesstraße, wir haben Frösche über die Straße getragen, es hat riesig Spaß gemacht. Ständig kommen neue Frösche, die man rübertragen muss. Weißt du, die sind jetzt auf der Wanderung zu ihrem Laichgewässer – immer zwischen Mitte Februar und Mitte Mai. Du bist doch nicht böse, dass ich erst jetzt komme. Hab doch vielen Fröschen das Leben gerettet! Sonst wären sie vielleicht von Autos überfahren worden. Zusammen haben wir über 2200 Tiere in Sicherheit gebracht, dabei waren wir vielleicht gerade mal zu zehnt. Auch mehrere Jungen in meinem Alter waren dabei. Wenn du mir nicht glaubst, dann erkundige dich doch beim Naturkundeverein Bruck, der hat die Aktion geleitet …

Übung 1

Unterstreiche alle Stellen, die auf die W-Fragen eine Antwort geben.

Übung 2

Beantworte nun die folgenden Fragen.

1. Wann fand die Rettungsaktion für die Frösche statt?
2. Wo fand die Aktion statt?
3. Wer war der Veranstalter / beteiligte sich an der der Aktion?
4. Was geschah?
5. Welches Ergebnis / Welche Folgen hatte die Aktion?
6. Was ist der Hintergrund für die Aktion?

Übung 3

Welche beiden Angaben sind zu wenig genau für einen Bericht?

Übung 4

Zwei Tage später berichten zwei Zeitungen über die Froschaktion. In den Einleitungen der beiden Zeitungsartikel bleibt je eine W-Frage unberücksichtigt. Welche?

Froschträger gesucht

Bruck. Vorgestern Nacht folgte fast ein Dutzend Amphibienliebhaber einem Aufruf des Naturkundevereins der Marktgemeinde Bruck, der auch in diesem Jahr Freiwillige sucht, die die Frösche, die im Gruber Weiher ihr angestammtes Laichgewässer haben, über die Bundesstraße tragen. Rund 2200 der glitschigen Tierchen konnten vor dem Tod auf der Straße gerettet werden.

„Schon 144 Frösche hab ich nach drüben gebracht", weiß der 10-jährige Urs zu berichten, und hält seine Plastiktüte in die Höhe, in der es von Amphibien nur so wimmelt. Und flugs ist er wieder über den etwa einen halben Meter hohen Zaun geklettert, hinter dem sich die Frösche und Kröten tummeln. Inzwischen sind die meisten der eingegrabenen Eimer, in die die Frösche hineinplumpsen sollen, leer, aber die Knirpse verdrießt das nicht. Frösche sind auch so genügend zu finden.

Allerdings ist die Zahl fleißiger Froschträger seit Jahren rückläufig. Auch für die nächsten Tage werden noch händeringend Menschen gesucht, die ein Herz für Frösche haben.

Aktion zur Rettung von Fröschen verlief erfolgreich

Grub/Bruck. Auch vorgestern Abend gegen 20 Uhr trafen sich an der Bundesstraße 99 zwischen Grub und Bruck wieder rund 10 Personen, die teils bis zum frühen Morgen Frösche über die Straße trugen. Insgesamt wurden etwa 2200 Tiere auf die andere Straßenseite befördert, von wo aus sie ihre Wanderung zum Gruber Weiher fortsetzen konnten.

Jährlich zwischen Mitte Februar und Mitte Mai passieren Tausende von Fröschen und Kröten auf der Wanderung in ihre angestammten Laichgewässer die B 99. Um die Tiere am Überqueren der viel befahrenen Straße zu hindern, haben Tierschützer schon vor Jahren die nötigen Vorkehrungen getroffen. Zäune wurden errichtet und unmittelbar davor im Abstand von ca. 30 m Eimer eingegraben, in die die Tiere fallen, sobald sie ein Stück am Zaun entlanggewandert sind. Anschließend müssen sie eingesammelt und über die Straße getragen werden.

Allerdings ist die Zahl der Freiwilligen, die sich zu dieser Aufgabe bereit findet, nach Auskunft des Naturkundevereins Bruck in den letzten Jahren rückläufig.

Übung 5

Nur einer der beiden Zeitungsartikel ist sachlich geschrieben. Welcher? Warum könnte der Autor des anderen Artikels eine unterhaltsame Schreibweise gewählt haben?

....

....

....

....

....

....

4. Der Veranstaltungsbericht II: Adverb, Adverbiale, Gliedsatz, Attribut

Verwende **Adverbien** (Umstandswörter wie *hier, jetzt*), **Adverbialien** (Umstandsbestimmungen wie *zu Hause, nach dem Unterricht*), **Gliedsätze** (Nebensätze) und **Attribute** (Beifügungen wie *groß, schnell*), wenn sie der Verständlichkeit und Genauigkeit des Berichts dienen. Meide sie jedoch, wenn sie persönliche Gefühle ausdrücken.

Übung 1

Um welche Art von Adverbien und Adverbialien handelt es sich? Kreuze an.

	Adverb / Adverbiale		
	des Ortes	**der Zeit**	**der Art und Weise**
eilends	○	○	○
am 18. Februar	○	○	○
gern	○	○	○
darauf	○	○	○
in schriftlicher Form	○	○	○
bald	○	○	○
nach der ersten Pause	○	○	○
an der Tafel	○	○	○
in unserem Klassenzimmer	○	○	○

Übung 2

Setze die Adverbien und Adverbialien in den Text.

Die Klassensprecherwahl

.... haben wir, die Klasse 5a, einen neuen Klassensprecher gewählt. Frau Burger, unsere beliebte Klassenlehrerin, hat die Wahl geleitet. Michael Wachter wurde erster Klassensprecher, Ruth Vogelsang Stellvertreterin. Die Wahl wurde unmittelbar .... durchgeführt. Zunächst wies Frau Burger darauf hin, dass die Wahl .... und geheim erfolgen müsse. Anschließend durften Wahlvorschläge gemacht werden. Insgesamt wurden sechs Mitschüler vorgeschlagen. Trotzdem standen schließlich nur drei Namen ....: Ruth Vogelsang, Jenny Hausmann und Michael Wachter. Die anderen lehnten es ab zu kandidieren.

Bevor Frau Burger die kleinen, quadratischen Stimmzettel austeilte, erklärte sie noch, dass jeder nur einen Namen .... schreiben dürfe. Auch bat sie uns, die Zettel nur zweimal zu falten. Ein mühsames Öffnen bleibe uns dann erspart. Die Wahl konnte beginnen. Jeder schrieb .... einen Namen auf das Papier und .... lagen alle 26 Stimmzettel in der unansehnlichen Schirmmütze, die ein Mitschüler zur Verfügung gestellt hatte.

Während Franziska Ertl sich .... dazu bereit fand, die Stimmzettel zu öffnen und zu verlesen, setzte Erdal Özgün die Striche hinter die Kandidatennamen. Michael Wachter konnte sich mit 14 Stimmen klar gegen seine Mitbewerber durchsetzen. Ruth Vogelsang wurde mit neun Stimmen Stellvertreterin. Die arme Jenny Hausmann erhielt nur drei Stimmen.

Frau Burger beglückwünschte den freudestrahlenden Michael zur Wahl. Auch wir Mitschüler bekundeten durch lautes Klatschen und Stampfen unsere Zustimmung.

Übung 3

Formuliere die folgenden Satzpaare um, indem du Gliedsätze bildest.

Temporalsatz (Umstandssatz der Zeit: *nachdem, bevor*):
Zunächst wies Frau Burger darauf hin, dass die Wahl in schriftlicher Form und geheim erfolgen müsse. Anschließend durften Wahlvorschläge gemacht werden.

Kausalsatz (Umstandssatz des Grundes: *da, weil*):
Auch bat sie uns, die Zettel nur zweimal zu falten. Ein mühsames Öffnen bleibe uns dann erspart.

Konzessivsatz (Umstandssatz der Einräumung: *obwohl*):
Insgesamt wurden sechs Mitschüler vorgeschlagen. Trotzdem standen schließlich nur drei Namen an der Tafel.

Übung 4

In dem Text sind alle adjektivischen Attribute blau gedruckt. Streiche diejenigen durch, die persönliche Gefühle ausdrücken.

5. Der Veranstaltungsbericht III: Der Stichwortzettel

Bevor du über eine Veranstaltung berichtest, erstellst du einen **Stichwortzettel**. Ein guter Stichwortzettel
- berücksichtigt alle erforderlichen W-Fragen
- enthält nur Informationen, die für den Adressaten wichtig sind
- ist sinnvoll geordnet
- gebraucht (und erklärt) Fachausdrücke
- ist noch nicht in vollständigen Sätzen geschrieben

Die Klasse 5b der Eichendorff-Hauptschule besichtigt die Tropfsteinhöhle Schulerloch. Frau Leucht, ihre Lehrerin, bittet die Schüler, sich unterwegs Notizen zu machen, die später zu einem Bericht verarbeitet werden sollen. Die beste Arbeit wird im Jahresbericht veröffentlicht.

Sandras Stichwortzettel:	**Philipps Stichwortzettel:**
Besichtigung der Tropfsteinhöhle Schulerloch im Altmühltal durch die Klasse 5b der Eichendorff-Hauptschule in Regensburg in Begleitung von Frau Leucht am 6.7.2001	Unser Besuch einer Tropfsteinhöhle bei Essing
– Regensburg mit dem Bus ab: 9.34 Uhr – Tropfsteinhöhle an: 10.06 Uhr	– gemütliche Busfahrt zur Tropfsteinhöhle (ca. halbe Stunde Fahrtzeit)
– vom Parkplatz zur Tropfsteinhöhle: 15 Minuten Gehzeit, ziemlich steil bergauf (50 m Höhenunterschied), durch Laubbäume	– vom Parkplatz aus kurze, aber schweißtreibende Wanderung zur Höhle
– vor der Höhle zu besichtigen: originalgetreuer Abguss der Felsgravur aus dem kleinen Schulerloch	– vor der Höhle: Bewunderung einer in einen Felsen geritzten Zeichnung, die aber nicht echt ist
Eintrittspreise: – Erwachsene: 3,00 € inkl. MwSt. – Kinder (4–13 Jahre): 2,00 € inkl. MwSt. – Gruppenkarte ab 20 Kinder (4–13 Jahre): je 1,80 € inkl. MwSt.	– Jeder Schüler muss 1,80 € bezahlen.
Öffnungszeiten: – geschlossen zum Schutz der Fledermäuse bis 31. März – ab 1.4. von 13.00 bis 16.00 Uhr	– Auf mich wirkt die Höhle nicht sehr unheimlich, da sie relativ flach ist und sandige, gut begehbare Wege sowie elektrische Beleuchtung hat.

Infos des Höhlenführers:	Wissenswertes:
– Höhlenlänge 420 m – größter Raum 793 m^3 – Temperatur: immer 9 Grad – Wohnhöhle des Neandertalers und eiszeitlicher Tiere – Stalagmiten: von unten nach oben wachsende Tropfsteine; Stalaktiten: von der Decke herabwachsende Tropfsteine	– ziemlich lang – ziemlich groß – auch im Sommer ziemlich kalt – schon von Menschen und Tieren der Eiszeit bewohnt – überall säulenartige Gebilde; teils von unten nach oben, teils von oben nach unten gewachsen – kurze Musikvorführung: beeindruckende Akustik
– kurz nach 11 Uhr: alle wieder im Bus – in Essing: noch kurze Eispause; Lehrerin fragt nach unseren Eindrücken	– nach knapper Stunde: alle wieder im Bus – Eisessen in Essing, weil wir brav waren

Übung 1

Unterstreiche auf den beiden Stichwortzetteln alle Angaben, die du für den Bericht brauchst. Wenn Sandra und Philipp zum selben Punkt Angaben gemacht haben, musst du dich für eine Seite entscheiden. Überlege dabei genau, welche Informationen einen Leser, der so alt ist wie du, im Jahresbericht interessieren.

Übung 2

Besonders gut an Sandras Stichwortzettel ist, dass er auch Fachausdrücke enthält, die sie unterwegs gelernt hat. Schreibe die Fachausdrücke auf.

....

....

Übung 3

Philipps Stichwortzettel enthält noch zwei vollständige Sätze. Formuliere sie in den Telegrammstil um.

....

....

....

....

Übung 4

Schreibe nun anhand des Stichwortzettels den Bericht.

6. Der Unfallbericht I: Einleitung – Hauptteil – Schluss

Folgender Aufbau ist zu empfehlen:

In der **Einleitung** informierst du knapp über den Unfall:
- **Wann** und **wo** hat er sich ereignet?
- **Wer** war an dem Unfall beteiligt?
- **Was** ist passiert?
- **Welche** Folgen hatte der Unfall?

Im **Hauptteil** berichtest du Schritt für Schritt, **wie** sich der Unfall ereignet hat, also den **Unfallhergang**:
- genaue Bezeichnung der Unfallzeit / des Unfallortes
- Tätigkeit des Verletzten / der Verletzten zur Zeit des Unfalls
- Unfallursache
- Unfallhergang im engeren Sinn
- Art der Verletzungen / Beschädigungen
- Unfallzeugen, eventuell Ansprechen der Schuldfrage

Im **Schluss** behandelst du meist die **weiteren Folgen** des Unfalls für die Verletzten. Und / Oder du bezifferst die Höhe des Sachschadens. Der Schluss kann aber auch einen Appell oder eine Warnung enthalten, je nachdem wer Adressat des Unfallberichts ist.

Übung 1

Lies die beiden Artikel und antworte im Telegrammstil.

Neuwied. Weil er nicht auf die Straße schaute, prallte gestern ein 11-jähriger Junge mit seinem Fahrrad gegen einen parkenden LKW. Mit schweren Kopfverletzungen wurde er in ein Krankenhaus eingeliefert.

Von einem Porsche erfasst und acht Meter weit durch die Luft geschleudert wurde am Dienstag eine Schülerin, die auf dem Weg zum Gymnasium war. Der Unfall ereignete sich gegen 7.45 Uhr. Die Zehnjährige war gerade dabei, die Saarstraße in Höhe des Amtsgerichts auf dem Zebrastreifen zu passieren, als der von links kommende Porschefahrer sie wegen eines parkenden Sattelschleppers übersah. Das Mädchen liegt ohne Bewusstsein und mit lebensbedrohlichen Verletzungen im Krankenhaus.

	1. Artikel	**2. Artikel**
Wann hat sich der Unfall ereignet?	gestern	
Wo hat sich der Unfall ereignet?		auf Zebrastreifen in Saarstraße Höhe Amtsgericht

Wer war das Unfallopfer?		
Was ist passiert?		
Welche Folgen hatte der Unfall?		

Übung 2

Formuliere für die Wandzeitung deiner Schule anhand der vorgegebenen Begriffe jeweils die Einleitung für einen Bericht.

7. Juli, Pausenhalle, Schüler der Klasse 6d, linker Arm ausgerenkt, bis zu den Sommerferien vom Sportunterricht freigestellt

5. Mai, Bushaltestelle vor der Schule, zwei Gastschülerinnen aus Frankreich, von Skinhead mit Messer leicht verletzt, sofortige Rückkehr nach Frankreich

27. Oktober, Physiksaal, Studienrat Gasmeier, Verbrennungen am Kopf durch Explosion von Wasserstoff-Sauerstoff-Gemisch, möglicherweise Narben im Gesicht

Übung 3

Verbinde die Stichpunkte zum Unfallhergang mit Linien.

Unfallort	Tätigkeit	Unfallursache	Unfallhergang	Verletzung
Türschwelle vor Turnhalle	Zahnradbahnfahren	Felsen auf Gleis	Aufprallen	Prellungen und Quetschungen
Schneejoch	Springen vom Fünfmeterbrett	Wasseroberfläche	Entgleisen und Umkippen	Hautaufschürfungen an Knie
Blausee	schnelles Laufen	Türschwelle	Stürzen	Aussetzen der Atemtätigkeit

Übung 4

Bestimme die Art des Schlusses und den Empfänger. Kreuze an.

	Warnung	Appell	Schulleiter	Versicherung
Sorgen Sie für eine Absperrung zwischen Gehweg und Straße, die es unmöglich macht, vom Pausenhof direkt zur Bushaltestelle zu laufen.	○	○	○	○
Ich habe nun nachgewiesen, dass meinem Sohn Krankengeld zusteht. Falls Sie sich weigern zu zahlen, werde ich meinen Anwalt einschalten.	○	○	○	○

B 7. Der Unfallbericht II: Stichwortnotizen verarbeiten

Jörg ist Pferdenarr. Am liebsten verbringt er seine Osterferien in Idorf, wo sein Onkel einen Hof mit Pferdestall besitzt. Heute (21.4.2001) ist Jörgs letzter Ferientag. Er will sich von den Tieren verabschieden, da bemerkt er, dass die Nachbarscheune (Dorfstraße 20) brennt, in der auch ein Pferdestall untergebracht ist. Sein Onkel alarmiert die Feuerwehr. Jörg vermutet Brandstiftung, als er bemerkt, dass die Tür zum Pferdestall ordentlich verschlossen ist. Er will zur Aufklärung des Falls beitragen und schreibt für Polizei und Medien einen Unfallbericht. Mithilfe seiner Sofortbildkamera dokumentiert er alles.

Übung 1

Zu jedem der sechs Bilder macht sich Jörg Stichwortnotizen. Wie könnten sie lauten? Verwende die Begriffe im Kasten.

Tanklöschfahrzeuge	Pferde befreien	Strahlrohre	Einsturzgefahr
Nachbargemeinden	Atemschutzgeräte	Löscharbeiten	Dach

1. Scheune in Rauch gehüllt
2. Idorfer Feuerwehrmänner beginnen mit ....
3. ....
4. ....
5. ....
6. ....

Übung 2

Berichte anhand der Stichwortnotizen den Unfallhergang. Sprich auch die Schuldfrage an. Schreibe in der Ich-Form.

Übung 3

Ein Artikel in der Regionalzeitung und das Untersuchungsergebnis der Kripo (siehe unten) bewegen Jörg dazu, einen zweiten Unfallbericht zu schreiben, den er ins Internet stellen will, um alle Pferdefreunde zu warnen.

Scheune niedergebrannt – Pferde starben in den Flammen

Idorf. Ein Großfeuer vernichtete gestern Abend eine Scheune an der Dorfstraße 20 in Idorf. Insgesamt 60 Feuerwehrleute kämpften gegen die Flammen. Dennoch brannte die Scheune bis auf die Grundmauern nieder. In den Flammen starben mehrere Pferde, der Schaden beträgt etwa eine halbe Million Euro. Die Brandursache ist noch unklar.

Um 18.30 heulten die Sirenen. Obwohl die Idorfer Feuerwehr wenig später mit den Löscharbeiten begann, wurde das Dach des Gebäudes ein Raub der Flammen. Erst nach dem Eintreffen der Nachbarwehren, die eine Drehleiter und vier Tanklöschfahrzeuge in Stellung brachten, konnten die Flammen mit zahlreichen Strahlrohren unter Kontrolle gebracht werden. Mehrere Trupps drangen mit Atemschutzgeräten in das Innere des Gebäudes ein, um die Pferde zu retten. Der Versuch musste jedoch wegen Einsturzgefahr abgebrochen werden.

Jörg ist stolz darauf, dass ihm der Artikel in der Darstellung des Unfallhergangs weitgehend folgt, ärgert sich aber darüber, dass die Brandursache offen bleibt. Wenige Wochen später muss er erfahren, dass die Kripo zu dem Ergebnis gekommen ist, dass zwei zündelnde Kinder den Brand ausgelöst haben. Jörg hält in Stichwortnotizen fest, was dagegen spricht:

- Tür zu Pferdestall ordentlich verschlossen, als Feuerwehr eintrifft
- genauer Tatort kein Zufall: Feuer wahrscheinlich in leer stehender Pferdebox in Stallmitte gelegt (unter Hitzeeinwirkung von der Wand gefallener Putz), von hier aus für Flamme gute Möglichkeit, sich zu beiden Seiten der Stallgasse auszubreiten
- Tatzeit (gegen 18 Uhr) kein Zufall: Stallhilfe verlässt Gebäude gegen 17.15 Uhr, Pferdebesitzer schauen wochentags erst nach 19 Uhr nach Tieren
- Pferdeboxen zugenagelt

Diesmal fasst Jörg den Unfallhergang nur kurz zusammen, dafür behandelt er die Schuldfrage ausführlich. Statt der Ich-Form wählt er die Er-/Sie-Form. Wie könnte der Bericht (mit Einleitung und Schluss) lauten? Orientiere dich an der Regel auf S. 18.

B 8. Der Unfallbericht III: Zeugenaussagen verarbeiten

In der Schnorrstraße hat sich vor dem Haus mit der Nummer 13 ein Unfall ereignet. Als Polizeikommissar Hauner die Unfallstelle erreicht, weist nur noch das Fahrrad, ein blaues Citybike, auf das Ereignis hin: Die Gabel ist verbogen. Der Radfahrer liegt inzwischen im Kreiskrankenhaus. Der Polizist ist auf Zeugenaussagen angewiesen. Zunächst befragt er Frau Grämlich (79), die Hundehalterin. Dann wendet er sich an Frau Ehrlein (51), die in dem Haus gegenüber wohnt. Sie berichtet:

„Also, ich steh ganz friedlich auf meinem Balkon, halb sechs muss es gewesen sein, und gieße meine Geranien, da hör ich was scheppern. Ich denk natürlich, die Jungen von gegenüber machen Krach, und guck rüber. Aber die stehen mit ihren Tischtennisschlägern brav am Gartenzaun und gaffen auf die Straße. Oje, da liegt ja wer. Ist mit seinem Rad gestürzt. Ein junger Mann, vielleicht 20 Jahre alt. Kein Wunder, sehen Sie nur das Schlagloch dort, da muss er gar nicht mal schnell gefahren sein. Nur gut, dass ihm nichts weiter passiert ist, denk ich noch. Habs kaum fertig gedacht, da taucht dieser Köter auf. Fällt den Mann von hinten an und beißt ihn in den Kopf. Aber damit nicht genug. Mit seiner hässlichen Fresse beißt er den hilflos am Boden Liegenden auch noch in den rechten Oberschenkel. Der kann nicht einmal mehr aufstehen. Vollkommen grundlos, im Blutrausch, ich habs mit eigenen Augen gesehen, Herr Wachtmeister, ich schwörs Ihnen. Wie grimmig das Monster schon dreinschaut. Sie, ich sag Ihnen, das Biest ist gemeingefährlich, das gehört polizeilich erschossen. Na, und darum hab ich Sie angerufen. Und auch den Notarzt hab ich verständigt."

Übung 1

Als Gedächtnisstütze notiert Kommissar Hauner Stichpunkte. Notiere die Version von Frau Ehrleins Zeugenaussage selbst.

Unfallort: 31224 Peinstadt, Schnorrstraße, vor dem Haus mit der Nummer 13
Unfallzeit: 15.5., ca. 17.30 Uhr
Beteiligte: Radfahrer (junger Mann, ca. 20), Hund (Boxer)
Unfallgeschehen: Radfahrer stürzt, dann von Hund in Kopf und Oberschenkel gebissen
Unfallhergang:

Version Frau Grämlich: Gassi gehen wie jeden Abend, aus Garten von Haus Nr. 13 läuft kleines, rundes, weißes Tierchen über Gehsteig und zwischen zwei parkenden Autos hindurch auf Straße, Hund rennt hinterher, Radfahrer fährt ihm in Seite und stürzt, Kopfverletzung, Hund fühlt sich schuldlos angegriffen, beißt in Oberschenkel

Version Frau Ehrlein: ....

....

....

....

Die Sache mit dem kleinen, runden, weißen Tierchen kommt Polizeikommissar Hauner wenig glaubwürdig vor. Frau Ehrlings Darstellung des Unfallhergangs hält er für die wahrscheinlichere. Da er aber auch ihr nicht ganz traut, relativiert er seine Aussagen.

Übung 2

Formuliere den Unfallhergang anhand von Frau Ehrleins Zeugenaussage zu Ende. Relativiere mithilfe der vorgegebenen Wörter.

möglicherweise	könnte	offenbar
unter Umständen	womöglich	dürfte

Der junge Mann fuhr offenbar durch ein Schlagloch und verlor dadurch das Gleichgewicht, sodass er stürzte. ....

....

....

....

Frau Grämlichs Zeugenaussage lässt der Polizist in indirekter Rede folgen. Dadurch macht er deutlich, dass er sich davon distanziert.

Übung 3

Schreibe den Unfallhergang nach Frau Grämlichs Zeugenaussage zu Ende. Verwende zur Wiedergabe der indirekten Rede den Konjunktiv ohne *dass*.

Ganz anders allerdings stellt Frau Grämlich, die Hundehalterin, den Unfallhergang dar. Als sie mit ihrem Hund Gassi gegangen sei wie jeden Abend, sei aus dem Garten des Hauses mit der Nummer 13 plötzlich ein ....

....

....

....

....

....

....

....

....

Noch einmal untersucht Herr Hauner die Unfallstelle. Die beiden Autos vor dem Gehsteig sind inzwischen fortgefahren. Im Rinnstein entdeckt er etwas Kleines, Rundes, Weißes – einen Tischtennisball. Polizeikommissar Hauner geht ein Licht auf. Dir auch?

Übung 4

Verfasse den vollständigen Unfallbericht gemäß deinem neuen Erkenntnisstand. Orientiere dich an der Regel von S. 18. Den Schluss darfst du frei erfinden.

C Die Beschreibung: Überblick verschaffen

1. ... über das Beschreiben

Darum gehts!

Die **Vorgangsbeschreibung** begegnet dir im täglichen Leben immer wieder, zum Beispiel in Form einer Spielanleitung oder einer Gebrauchsanweisung. Ein Bewunderer deiner Kochkünste freut sich bestimmt über ein selbst geschriebenes Kochrezept von dir.
Durch die **Gegenstandsbeschreibung** lernst du, die Dinge um dich herum genau zu beobachten und mit den treffenden Worten zu bezeichnen. Wenn du gut darin bist, macht dir das sicher Spaß.

Vorgangsbeschreibung

Im Bericht informierst du über ein einmaliges (konkretes) Ereignis der Vergangenheit, das an einem bestimmten Ort stattgefunden hat. In der **Vorgangsbeschreibung** gibst du hingegen einen Vorgang **allgemein gültig** (abstrakt) wieder, sodass er in **Zukunft** an **verschiedenen** Orten durchgeführt werden kann. Vorgangsbeschreibungen sind fachliche Anleitungen. Das bedeutet, dass du

- statt des Präteritums das **Präsens** verwendest
- von allem Einmaligen und Zufälligen absiehst (abstrahierst)
- dich **klar** und **verständlich** ausdrücken musst
- nicht wie beim Bericht in bereits vorgegebener zeitlicher (chronologischer) Reihenfolge berichten kannst, sondern die Handlungsschritte selbst in eine **sinnvolle chronologische Reihenfolge** bringen musst
- dir bestimmte Fachausdrücke aneignen musst, vor allem auch Verben (Zeitwörter)

Gegenstandsbeschreibung

Während du in der Vorgangsbeschreibung einen bewegten Vorgang allgemein gültig (abstrakt) wiedergibst, beschreibst du in der **Gegenstandsbeschreibung** einen **ruhenden** Gegenstand oder auch Tiere möglichst genau. Die einzelnen Bestandteile des Gegenstands kennt oft nur der Fachmann mit ihrem Namen. Das bedeutet, dass

- du dein Augenmerk vor allem auf das Besondere und Charakteristische richtest
- es keine chronologische Reihenfolge mehr gibt; beginne beim Gesamteindruck, beschreibe dann erst Einzelheiten
- du dir bestimmte Fachausdrücke aneignen musst, vor allem Substantive (Hauptwörter) und Adjektive (Eigenschaftswörter), die die Substantive näher charakterisieren

2. ... über die Arbeitsschritte: Checkliste

So klappts!

1. Thema erschließen
- Themenstellung mehrmals aufmerksam lesen
- Was soll beschrieben werden? (Ein Vorgang? Ein Gegenstand? Eine Person? Auch wie die Person angezogen ist?)
- Welchem Zweck dient die Bescheibung, wer ist ihr Empfänger?
- In der Ich-Form oder in der Er/Sie-Form schreiben?
- Soll die Beschreibung knapp oder ausführlich sein?

2. Stoff sammeln und ordnen
- Alles, was dir zum Vorgang / Gegenstand einfällt, in Form ungeordneter Stichpunkte notieren
- Informationen über den Vorgang / Gegenstand aus Sachtexten, Wörterbüchern usw. herausschreiben
- Benötigte Fachausdrücke aus Lexika usw. herausschreiben
- Stichpunkte notieren
- Die für die Beschreibung verwertbaren Notizen unterstreichen, herausschreiben, kürzen, ergänzen, sinnvoll ordnen

3. Passende Einleitung und passenden Schluss finden
- Einleitung: das Interesse des Lesers für die Beschreibung wecken; Angaben machen, die für den beschriebenen Vorgang / Gegenstand von allgemeiner Bedeutung sind
- Schluss: ergänzende Tipps geben

5. Beschreibung ausformulieren
- Einleitung und Schluss dürfen nicht zu lang sein
- Auf die Einhaltung einer sinnvollen Reihenfolge achten
- Die einzelnen Handlungsschritte möglichst auch begründen (Vorgangsbeschreibung) bzw. auf die Funktion des beschriebenen Gegenstandes eingehen (Gegenstandsbeschreibung)
- Sich aufs Wesentliche konzentrieren, dabei aber keine für den Empfänger wichtige Information vergessen
- Sachlich schreiben (keine Gefühle oder persönlichen Eindrücke)
- Genau schreiben (z. B. mithilfe von Adverbien, Attributen)
- Verständlich schreiben (keine komplizierten Schachtelsätze)
- Wortwiederholungen vermeiden

6. Durchchecken
- Überprüfen, ob die Beschreibung alle für den Adressaten wichtigen Informationen enthält (unwichtige Einzelheiten streichen)
- Sätze möglichst nicht unverbunden nebeneinander stehen lassen, sondern mit Wörtern wie *nun, darauf, aber* verbinden
- Rechtschreib- und Grammatikfehler verbessern

D Die Vorgangsbeschreibung

1. Vom Bericht zur Beschreibung

Der Bericht
- informiert über ein bestimmtes Ereignis in der Vergangenheit, das an einem bestimmten Ort stattgefunden hat
- steht im Präteritum

Die Vorgangsbeschreibung
- informiert über einen wiederholbaren Vorgang, der nicht an eine bestimmte Zeit und einen bestimmten Ort gebunden ist
- steht im Präsens

Lea hat eine Halloween-Party veranstaltet. Alle waren begeistert. Am nächsten Tag erhält sie eine E-Mail von Olaf. Am meisten haben ihn die riesigen Kürbislampen beeindruckt. Er bittet sie, ihn in die Kunst des Kürbiszüchtens einzuweihen. Lea mailt zurück:

1. Gern will ich dir Schritt für Schritt berichten, wie ich es in diesem Jahr geschafft habe, so riesige Kürbisse zu ernten.
2. Zunächst kümmerte ich mich um die für die Anzucht erforderlichen Dinge: Komposterde, Düngemittel, Jogurtbecher und natürlich Kürbiskerne. 3. Dabei stand mir aus unserem hauseigenen Komposthaufen gewonnene Erde zur Verfügung, geeignetes Düngemittel entdeckte ich im Keller. 4. Die Jogurtbecher, insgesamt 7, zog ich einfach aus dem Küchenmüll. 5. Nur die Kürbiskerne musste ich kaufen.
6. Am 1. April, einem sehr sonnigen Tag, konnte ich dann beginnen. 7. Ich füllte die Jogurtbecher mit der Komposterde und steckte je drei Kürbiskerne hinein. 8. Anschließend stellte ich das Ganze an einen möglichst sonnigen und geschützten Platz für die Keimung. 9. Einen solchen fand ich auf der Fensterbank unseres nach Süden gelegenen Wohnzimmers. 10. Nur gut eine Woche später, nämlich am 10. April, hatten bereits alle Kerne zu keimen begonnen, was gewiss auch an dem schönen Wetter lag. 11. Nun gab ich den jungen Pflanzen bereits zum ersten Mal Dünger, um dies von jetzt an alle zwei bis drei Tage zu wiederholen. 12. Am 20. Mai schließlich setzte ich die kräftigsten Pflanzen aus. 13. Von den insgesamt 21 allerdings nur 7 – mehr Kürbisse anzubauen hatten mir meine Eltern aus Platzgründen verboten. 14. Ich steckte sie rings um den Komposthaufen im Abstand von ca. 70 cm in Pflanzlöcher, die ich zuvor ausgehoben und mit Komposterde angefüllt hatte. 15. Von nun an hieß es: Nur nicht vergessen, die Kürbisse ausreichend zu gießen. 16. Aber mit Gießen allein war es nicht getan. 17. Ich düngte meine Kürbisse auch mit einer Jauche aus Brennnesseln und Beinwell, einem sehr wirksamen Düngemittel. 18. Dabei folgte ich einem Ratschlag meines Großvaters. 19. Am 15. Oktober war es dann so weit: Ich erntete sieben riesige Kürbisse.

Die Biologielehrerin bekommt Wind von der erfolgreichen Kürbiszucht. Sie bittet Lea, für die Wandzeitung im Biologiesaal eine Vorgangsbeschreibung über das Züchten von Kürbissen zu verfassen. Lea beschließt, ihre E-Mail einfach umzuformulieren.

Übung 1

Welche Sätze der E-Mail kann Lea in der Beschreibung nicht verwerten, da sie nur persönliche Umstände (Einmaliges und Zufälliges) widerspiegeln? Streiche sie durch.

Übung 2

Für eine Beschreibung sind viele Zeitangaben in dem Bericht zu präzise. Wandle sie in weniger präzise Zeitangaben um.

am 1. April Ende März bis Anfang April

am 10. April ....

am 20. Mai ....

am 15. Oktober ....

Übung 3

Leas Bericht an Olaf enthält kaum Begründungen für die einzelnen Arbeitsschritte. Nach welchen Sätzen könnten folgende Begründungen stehen?

nach Satz

Kürbisse sind nämlich immer hungrig; man kann sie kaum überdüngen. Nr. ....

Wenn die Kürbisse in der Nähe des Komposthaufens wachsen, bekommen sie nämlich genügend Nährstoffe. Nr. ....

Kürbiskerne keimen nämlich am besten bei 22 bis 25 Grad. Nr. ....

Übung 4

Wie könnte Leas Beschreibung für die Wandzeitung lauten? Formuliere den Bericht in eine Vorgangsbeschreibung in der Ich-Form um. Berücksichtige die bisherigen Ergebnisse.

Übung 5

Setze folgende Arten der Vorgangsbeschreibung in die Lücken: Arbeitsanweisung, Bastelanleitung, Kochrezept.

Wenn ich beschreibe, wie man ...

... aus Kürbissen eine Suppe zubereitet, verfasse ich ein ....

... Kürbiskernöl herstellt, verfasse ich eine ....

... aus dem Kürbis die Kürbislampe macht, den so genannten „Jack O'Lantern", verfasse ich eine ....

2. Das Kochrezept

In der **Einleitung** weckst du Interesse für das Gericht.

Im **Hauptteil**
- zählst du die Zutaten mit Mengenangaben auf; dabei gibst du auch an, für wie viele Personen das Rezept berechnet ist
- zählst du eventuell auch die Geräte (Geschirr, Besteck, Küchenmaschinen) auf, die du benötigst
- beschreibst du die Zubereitung Schritt für Schritt

Im **Schluss** kannst du einen Serviervorschlag machen und Tipps geben, wie das Gericht am besten gelingt.

Übung 1

Setze die Verben (Zeitwörter) in die Lücken des folgenden Hauptteils eines Kochrezepts.

ausrollen, hineinbröckeln, mischen, begießen, gehen lassen, hochdrücken, verkneten, drücken, dazugeben, auslegen

Die Zubereitung des Pizzateigs

400 g Weizenvollkornmehl mit einem halben Teelöffel Salz .... In die Mitte eine Mulde ...., 20 g Hefe ...., mit vier Esslöffeln lauwarmen Wassers .... Warten, bis sich die Hefe aufgelöst hat, dann 200 ml Wasser und 4 Esslöffel Olivenöl .... Alle Zutaten schnell zu einem Hefeteig .... Den Teig an einem warmen Ort zugedeckt 15 Minuten ...., noch einmal durchkneten. Dann auf einem bemehlten Brett ...., ein gefettetes Backblech damit ...., den Rand .... Weitere 15 Minuten gehen lassen.

Übung 2

Schreibe eine Einleitung zu dem Rezept für den Pizzateig. Folgende Stichwörter können dir dabei helfen:

- Grundlage für die Pizza, vor allem bei Kindern und Jugendlichen beliebt
- gesund, falls aus Vollkornmehl gebacken, weil ballaststoffreich

....

....

....

....

Übung 3

Zähle die Zutaten auf, die du für den Pizzateig brauchst. Nenne auch die Mengenangaben, aber nicht abgekürzt wie in Übung 1, sondern ausgeschrieben.

Zur Herstellung eines Pizzateigs für 4 Personen brauche ich folgende Zutaten:

400 Gramm Weizenvollkornmehl

....

....

....

....

....

Übung 4

Schreibe das Rezept aus Übung 1 in die Ich-Form um. Verwende dabei Zeitadverbien (Umstandswörter der Zeit) und Nebensätze.

Zunächst mische ich 400 g Weizenvollkornmehl mit einem halben Teelöffel Salz. Nun drücke ich in die Mitte des Gemisches eine Mulde und bröckele 20 g Hefe hinein, die ich mit 4 Esslöffeln lauwarmen Wassers begieße. Sobald sich die Hefe aufgelöst hat, …

Übung 5

Die abgebildeten Zutaten können als Pizzabelag dienen. Du musst sie nur noch zerkleinern. Ordne zu.

Den Käse reibe ich.

.... schneide ich in dünne Scheiben.

Die Salami schneide ich in ....

.... schneide ich in Scheiben.

.... presse ich durch.

.... hacke ich.

Die belegte Pizza brauchst du nur noch in das auf 220 Grad vorgeheizte Backrohr zu schieben. In 20 Minuten ist sie fertig. Guten Appetit!

Übung 6

Welcher Schluss gefällt dir am besten? Kreuze an.

- ◯ Am besten schmeckt die Pizza, wenn sie ganz frisch aus dem Ofen kommt.
- ◯ Ich rate davon ab, die Pizza in der Mikrowelle zu backen. Im Backrohr kann sie ihr Aroma viel besser entfalten.
- ◯ Man kann die Pizza mit verschiedenen Käsesorten belegen. Dabei darf Mozzarella niemals fehlen.

3. Die Spielanleitung

In der **Einleitung**
- weckst du Interesse für das Spiel
- nennst du Spielort, Spieldauer und Spielerzahl
- gibst du eine Altersempfehlung

Im **Hauptteil**
- zählst du die benötigten Gegenstände auf
- beschreibst du die Spielvorbereitung mit der Aufteilung der Spieler
- beschreibst du den Spielverlauf und zählst alle Gebote und Verbote auf

Im **Schluss**
- benennst du das Ziel des Spieles (Wer ist Sieger?)
- gehst du eventuell auf Spielvarianten ein

Eure Klasse veranstaltet eine Feier. Zu diesem Zweck soll jeder Schüler eine Spielanleitung für ein interessantes Spiel schreiben. Der Lehrer entscheidet, welche der vorgeschlagenen Spiele auf der Fete gespielt werden. In einem Spielebuch deiner Großmutter entdeckst du folgende altertümlich geschriebene Spielanleitung:

Montagsmaler

Spielerzahl: 4 bis 20, ein Spielleiter
Mindestalter: 8 Jahre
Spielvorbereitung: Der Spielleiter schreibe auf 20 leere Kärtchen je ein Hauptwort, z. B. „Hund", er teile die Spieler in zwei gleich große Gruppen auf, Gruppe A und Gruppe B.
Spielverlauf: Der Spielleiter lasse nun abwechselnd einen Mitspieler aus Gruppe A und einen aus Gruppe B eines der Kärtchen ziehen. Wer ein Kärtchen gezogen hat, skizziere den Begriff so an der Tafel, dass seine eigene Gruppe ihn möglichst schnell errät. Es ist jedoch nicht gestattet, durch Worte oder Gesten der eigenen Partei auf die Sprünge zu helfen. Gelingt es einem Mitspieler der eigenen Gruppe, den Gegenstand innerhalb der festgesetzten Zeit (z. B. 2 Minuten) zu erraten, bekommt die ganze Gruppe einen Strich, den der Spielleiter unter einem großen A für Gruppe A bzw. einem großen B für Gruppe B an der Tafel vermerke.
Gewonnen hat die Gruppe, die nach der Darstellung aller Begriffe mehr Striche erzielt hat.

Übung 1

Viele Verben (Zeitwörter) stehen hier im Konjunktiv (Möglichkeitsform). So schreibt man eine Spielanleitung heute nicht mehr. Unterstreiche die betreffenden Verben.

Übung 2

Welche der oben in der Regel genannten Bestandteile fehlen in der Spielanleitung? Kreuze an.

○ Interesse für das Spiel wecken
○ Spielort (und Spieldauer) nennen
○ Spielerzahl nennen
○ Spielgegenstände aufzählen
○ Spielvorbereitung beschreiben
○ Spielverlauf beschreiben

Übung 3

Im Schluss kannst du auf Spielvarianten eingehen. Welcher der drei folgenden Vorschläge dazu gefällt dir am besten?

Du probierst das Spiel in einer Freistunde zusammen mit ein paar Freundinnen aus, aber es wird bald langweilig: Zu schnell werden die meisten Begriffe erraten. Ihr diskutiert darüber, wie man es verbessern kann.

Anja schlägt vor, statt irgendwelcher Substantive (Hauptwörter) nur „Teekessel" zu verwenden, also Substantive, die zwei verschiedene Bedeutungen haben (z. B. Bank = 1. Sitzbank, 2. Geldinstitut).

Beate schlägt vor, statt der Gegenstände selbst nur ihre Attribute zeichnen zu lassen, also z. B. statt eines Königs eine Krone.

Clara schlägt vor, statt einfacher Substantive zusammengesetzte Substantive zu verwenden. Man könne den Begriff dann entweder als ganzen zeichnen oder aber seine Bestandteile einzeln.

Der Verbesserungsvorschlag von .... gefällt mir am besten.

Übung 4

Verbessere nun die Spielanleitung aus dem Buch der Großmutter, indem du

- **sie als durchgehenden Text formulierst**
- **keinen Konjunktiv verwendest (s. Übung 1)**
- **die fehlenden Bestandteile selbstständig ergänzt (s. Übung 2)**
- **den Verbesserungsvorschlag, der dir am besten gefällt, am Ende der Spielanleitung als Spielvariante anführst (s. Übung 3)**

4. Die Bastelanleitung

In der **Einleitung**
- weckst du Interesse für die Bastelarbeit
- gibst du eventuell eine Altersempfehlung

Im **Hauptteil**
- zählst du die benötigten Materialien und das benötigte Werkzeug auf (eventuell auch Hilfsmittel, wie z. B. Klebstoff)
- beschreibst du die Arbeitsschritte in der richtigen Reihenfolge

Im **Schluss**
- kannst du auf die künstlerische Ausgestaltung eingehen
- weist du eventuell auf anfallende Wartungsarbeiten hin

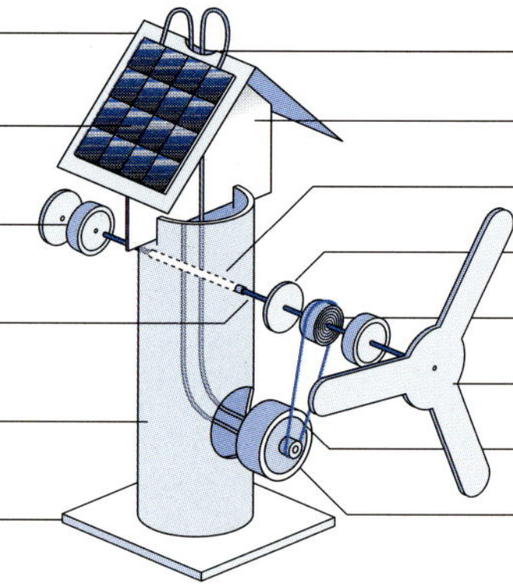

Abb. 1

Übung 1

Formuliere folgende Aufzählung der beim Basteln eines Solarrads benötigten Gegenstände um, indem du diese in Materialien, Werkzeug und sonstige Hilfsmittel unterteilst.

Zum Basteln eines Solarrads brauchst du folgende Gegenstände:
einen Solarmotor mit Triebrad (sollte ab 0,15 Volt / 0,01 Amper laufen), eine eingebettete Solarzelle (Spannung mindestens 0,5 Volt), eine Schere, einen Bleistift, eine quadratische Holzplatte (Seitenlänge ca. 10 cm), Klebstoff, eine Küchenrolle (ohne Papier, auf 13 cm Länge gekürzt), dünnen Karton, einen Kunststofftrinkhalm (auf 5 cm gekürzt), nach Möglichkeit eine Lochzange, einen Schaschlikstab (auf 72 mm gekürzt), zwei Spielsteine aus dem Mühlespiel, eventuell Farben bzw. Aufkleber, eine Luftschlange und einen dünnen Gummiring (Durchmesser 5 cm).

Übung 2

Formuliere den zweiten Arbeitsschritt aus.
Formuliere den dritten Arbeitsschritt mithilfe der Abbildungen.

1. Arbeitsschritt: Den Mantel des Solarrads herstellen
In die Küchenrolle, die der Mantel des Solarrads wird, sind drei Löcher zu schneiden, deren Mittelpunkte du dir am besten zunächst mit einem Bleistift markierst. Der Mittel-

punkt des größeren Loches (für den Motor) liegt 3 cm oberhalb des unteren Mantelrands. Die Mittelpunkte der beiden kleineren Löcher (für den Trinkhalm) liegen 2 cm unterhalb des oberen Rands: Das eine muss sich senkrecht über dem größeren Loch befinden, das andere ihm gegenüber. Die Durchmesser der drei Löcher sind so zu wählen, dass Motor bzw. Trinkhalm festen Halt darin finden, auch ohne angeklebt zu werden. Außerdem schneidest du am oberen Rand die beiden zwei Zentimeter langen, senkrechten Schlitze in den Mantel, in die später der Dachträger gesteckt wird. Auch sie liegen einander gegenüber, und zwar zu den beiden kleineren Löchern um eine viertel Drehung versetzt. Den so präparierten Mantel klebst du auf die Holzplatte und steckst Motor und Trinkhalm in die Löcher.

2. Arbeitsschritt: Das Dach mit der Solarzelle montieren

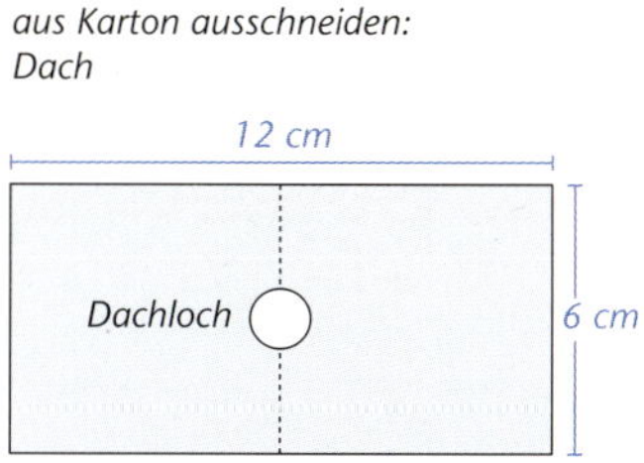

Abb. 2

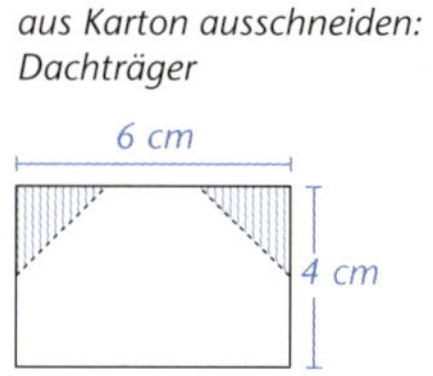

Abb. 3

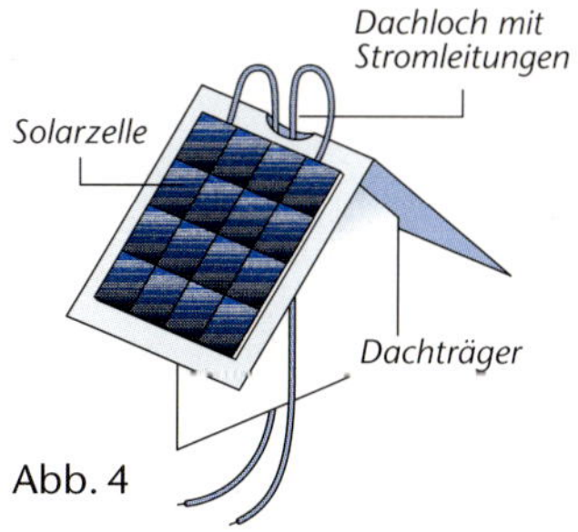

Abb. 4

- Dach (Abb. 2) aus Karton ausschneiden und in Mitte abknicken
- Stromleitungen der Solarzelle von oben durch Dachloch führen
- Solarzelle auf eine der beiden Dachhälften kleben, schraffierte Dachträger-Dreiecke (Abb. 3) abknicken, als Klebeflächen verwenden
- Dachträger von unten in Dach hineinkleben (Abb. 4)
- warten bis Klebstoff trocken, Dachträger in Mantel-Schlitze stecken
- Stromleitungen von Solarzelle mit Stromleitungen von Motor verbinden, Enden der gleichfarbigen Leitungen miteinander verdehen

3. Arbeitsschritt: Das Flügelrad mit Achse herstellen

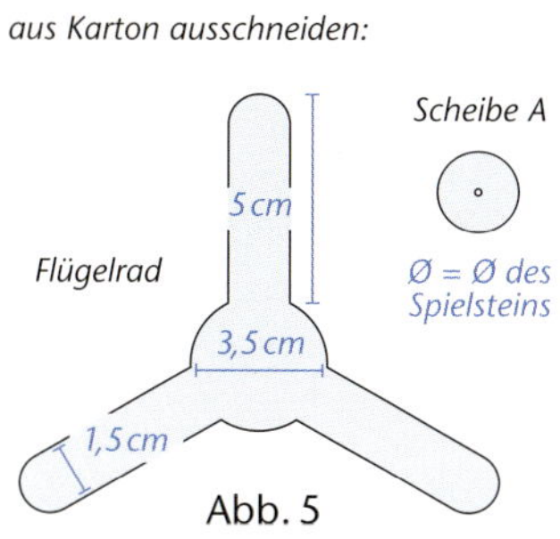

Abb. 5

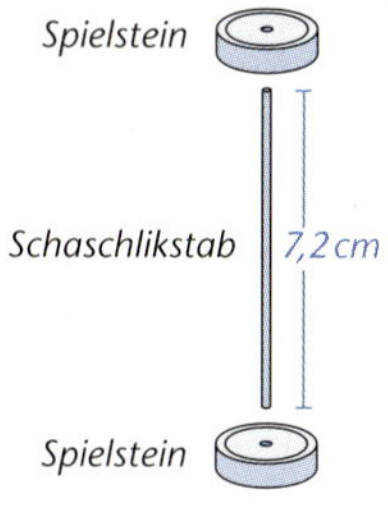

Abb. 6

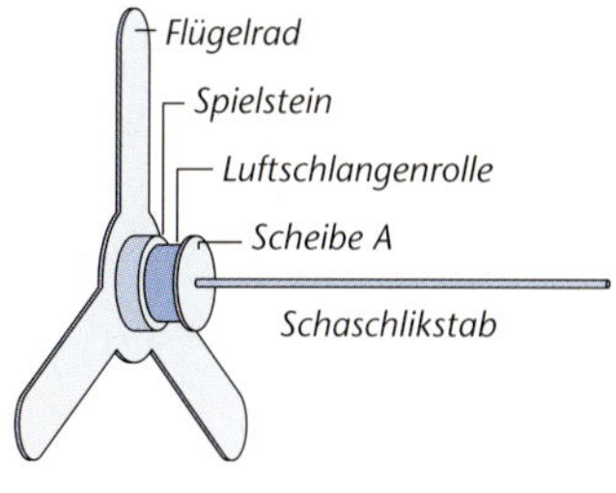

Abb. 7

4. Arbeitsschritt: Das Solarrad fertig stellen
Was jetzt noch zu tun ist, kannst du dir wahrscheinlich schon denken, wenn nicht, sieh mal im Lösungsteil nach.

D

5. Bewegungsabläufe / sportliche Übungen beschreiben

In der **Einleitung** weckst du Interesse für den Bewegungsablauf / die sportliche Übung.

Im **Hauptteil**
- beschreibst du die Vorbereitungen und benennst die dabei erforderlichen Gegenstände
- beschreibst du Schritt für Schritt den Bewegungsablauf. Dabei betrachtest du
  - die Formationen einzelner Körperteile in verschiedenen Bewegungsphasen
  - die Positionen mehrerer Körperteile zueinander und im Raum
  - die Positions- und Formationsveränderungen der Körperteile von Bewegungsphase zu Bewegungsphase

Im **Schluss** kannst du eigene Erfahrungen einbringen, z. B. Tipps geben, wie eine Übung besonders gut gelingt.

Übung 1

Unterstreiche das Verb und die Geschwindigkeitsangabe, die dir am besten zum Anlauf zu passen scheinen.

Zunächst	trippelt eilt läuft	der Weit- springer	zügig mit möglichst großer Geschwindigkeit mit einem Affenzahn	zum Absprung- balken.

Übung 2

Ordne den Abbildungen zu.

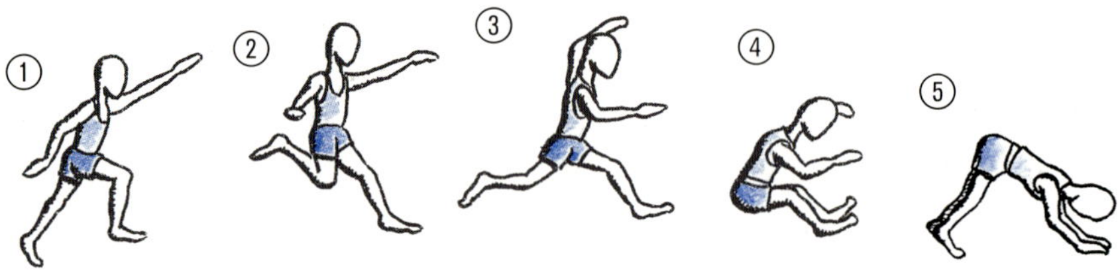

1. Sprungbein gestreckt, Schwungbein stark angewinkelt Nr. ....
2. Sprungbein und Schwungbein parallel und leicht gestreckt Nr. ....
3. Sprungbein stark gestreckt, Schwungbein angewinkelt Nr. ....
4. Sprungbein und Schwungbein gestreckt Nr. ....
5. Sprungbein und Schwungbein leicht angewinkelt Nr. ....

Übung 3

Betrachte die Positionen der Arme zueinander und im Raum. Ergänze.

In Phase 1 zeigt der linke Arm nach vorn oben, während der rechte Arm nach unten weist.
In Phase 2 ....

....

In Phase 3 ....

....

In Phase 4 zeigen beide Arme nach vorn.

In Phase 5 ....

Übung 4

Betrachte die Positions- und Formationsveränderungen der Körperteile von Phase zu Phase. Ergänze.

Von Phase 1 zu 2: Während sich das Sprungbein nach vorn bewegt und dabei seine Gestalt nicht ändert, schwingt das Schwungbein nach hinten, wobei es angewinkelt bleibt.
Von Phase 2 zu 3: ....

....

Von Phase 3 zu 4: ....

....

Von Phase 4 zu 5: Beide Beine bewegen sich nach hinten.

Übung 5

Natürlich erwähnst du in deiner Beschreibung nur, was eine Bewegungsphase besonders auszeichnet. Jede der folgenden Aussagen gilt nur für eine der fünf Sprungphasen. Ordne zu.

Der Körper hat die so genannte Klappmesserhaltung eingenommen.	Phase Nr.
Es sieht so aus, als ob der Springer mit Siebenmeilenstiefeln über den Erdboden schreiten würde.	Phase Nr.
Absprungbein und Oberkörper liegen auf einer Linie.	Phase Nr.
Der Rumpf hat sich ein wenig nach rechts gedreht.	Phase Nr.
Der Springer befindet sich in einer Art Liegestützstellung.	Phase Nr.

Übung 6

Beschreibe den Bewegungsablauf beim Weitsprung. Nenne auch Ursachen für das, was du beobachtest. Gib an, worauf der Weitspringer besonders zu achten hat.

6. Naturwissenschaftliche Versuche beschreiben

In der **Einleitung** weckst du Interesse für den Versuch.

Im **Hauptteil**
- zählst du die Stoffe und Geräte auf, die du für den Versuch brauchst
- beschreibst du Schritt für Schritt die Durchführung des Versuchs

Im **Schluss**
- kannst du erklären, was bei der Versuchsdurchführung besonders zu beachten ist
- kannst du Sicherheitshinweise geben

Luftballon aufblasen durch ein Vakuum

Die Schüler der Klasse 5e erfahren anhand eines Versuchs, den der Lehrer durchführt, wie mithilfe eines Vakuums (luftleerer Raum), das in einer Flasche erzeugt wird, ein Luftballon aufgeblasen werden kann. Sie sollen sich Notizen machen und anschließend eine Versuchsbeschreibung verfassen. Lydia hat folgende Stichpunkte notiert:

Lehrer schüttet heißes Wasser in rotes Gefäß – stellt große, farblose Glasflasche hinein – Marek warnt, Flasche könnte zerspringen, was nicht passiert – ein paar Minuten warten – Luft in Flasche erwärmt sich und dehnt sich daduch aus – Lehrer erzählt inzwischen, wo sonst noch Vakuum vorkommt: z. B. bei Konservendosen oder in der Lunge – ermahnt Rolf, nicht ständig zu schwätzen – stülpt blauen Luftballon über Flaschenhals – nimmt Flasche aus Wasser – stellt Flasche auf Pult – geht mit dem Gefäß zum Wasserhahn – füllt Schale mit frischem, kalten Wasser – stellt Flasche hinein – Rolf muss schon wieder ermahnt werden – Luft in Flasche kühlt ab und zieht sich dadurch zusammen: teilweises Vakuum entsteht – Ballon wird nach und nach in Flasche hineingezogen, verschwindet mit hörbarem Blubb im Inneren, bläst sich etwas auf – Mirjam, die Streberin, sagt, dass sie das schon vorher wusste

Übung 1

Unterstreiche die für die Versuchsbeschreibung erforderlichen Stichpunkte.

Übung 2

In den für die Versuchsbeschreibung erforderlichen Stichpunkten kommen drei Adjektive (Eigenschaftswörter) vor, die für den Versuch ohne Bedeutung sind. Streiche sie durch.

Übung 3

Formuliere nun den Hauptteil der Versuchsbeschreibung.

Übung 4

Welche der drei folgenden Einleitungen wird wohl am ehesten das Interesse für den Versuch wecken?

Beim Aufblasen eines Luftballons durch ein Vakuum handelt es sich um einen Versuch, der weder großes physikalisches Wissen voraussetzt noch handwerkliches Geschick erfordert. Zudem ist er völlig ungefährlich. ○

Könnt ihr euch vorstellen, dass ein Luftballon wie von Geisterhand bewegt in einer Flasche verschwindet und in ihrem Inneren auch noch aufgeblasen wird? Nein? Dann müsst ihr den folgenden Versuch unbedingt mal selbst ausprobieren. ○

Der im Folgenden beschriebene Versuch ist sehr zu empfehlen, da er praktisch keinerlei Kosten verursacht. Eine geeignete Flasche wird man in jedem Haushalt vorfinden und Luftballons werden in manchen Geschäften sogar kostenlos abgegeben. ○

Übung 5

Timon hat den Versuch durchgeführt und festgestellt, dass er nur gelingt, wenn folgende Punkte beachtet werden:
- **Die Flasche darf nicht zu klein sein.**
- **Der Flaschenhals darf nicht zu eng sein.**

Formuliere nun den Schluss der Versuchsbeschreibung. Berücksichtige dabei diese beiden Punkte und nenne auch Begründungen.

....

....

....

....

....

....

....

....

....

E Die Gegenstands-beschreibung

1. Die Wegbeschreibung

1. Deine Wegbeschreibung muss sicher zum Ziel führen.
2. Du solltest auffällige Dinge erwähnen (z. B. auffällige Häuser).
3. Mache auf Gefahrenpunkte aufmerksam.
4. Verwende nicht immer wieder dieselben Verben (Zeitwörter) der Fortbewegung *(einbiegen … einbiegen … einbiegen)*.
5. Verwende nicht immer wieder dieselben Zeitadverbien (Umstandswörter der Zeit: *dann … dann … dann*).

① Bahnhof
② Güterhalle
③ Gymnasium
④ Turnhalle
⑤ Hauptschule

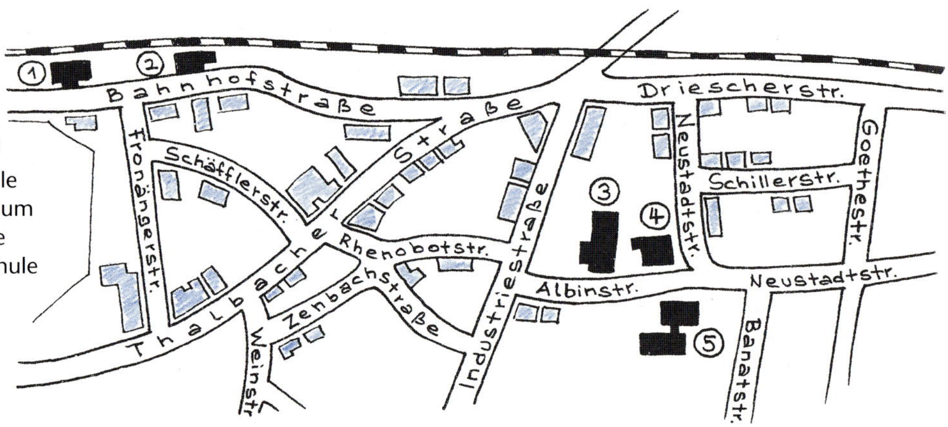

Erster Schultag im neuen Schuljahr: Simon weiß nicht, wie er vom Bahnhof zur Hauptschule kommt, die er nun besuchen soll. Lea und Jakob beschreiben ihm den Weg.

Leas Wegbeschreibung:
Zunächst gehst du die Straße hier entlang bis vor zur Thalbacher Straße. Das sind ungefähr 400 Meter. Überquere sie erst und wende dich anschließend nach links, um ihr ein paar Schritte weit zu folgen. Nun musst du nach rechts abbiegen. Daraufhin schwenkst du nach etwa 100 Metern in die Neustadtstraße ein. Wenn du bis zur Goethestraße gelangen solltest, bist du schon viel zu weit marschiert. Die Neustadtstraße brauchst du jetzt nur noch ganz hinunterzulaufen, dann kommst du direkt zur Hauptschule.

Jakobs Wegbeschreibung:
Ein paar Meter nur gehst du hier an der Straße entlang. Benutze dabei den Gehsteig auf der gegenüberliegenden Straßenseite, denn hier gibt es keinen. Dann biegst du rechts in die Fronängerstraße ein, die kurz vor dem hohen, fensterlosen Gebäude dort drüben beginnt. Dann biegst du nach wiederum nur ein paar Metern links in die Schäfflerstraße

ein. Auf ihr gehst du bis vor zur Thalbacher Straße. Drücke wegen des starken Verkehrs auf jeden Fall die Fußgängerampel, bevor du über die Straße gehst. Dann biegst du in die ein wenig nach links versetzte Rhenobotstraße ein. Gehe auf ihr bis vor zur Industriestraße und beachte dabei, dass sie schon nach wenigen Metern einen Knick nach links macht. Schau nach links und nach rechts, bevor du über die Industriestraße gehst, denn auch hier fahren viele Autos. Dann biegst du in die ein wenig nach rechts versetzte Albinstraße ein. Nachdem du am Gymnasium vorbeigegangen bist, steht rechts vor dir die Hauptschule.

Übung 1

Welche drei der fünf Regeln hat Lea nicht eingehalten?

Regel Nr. ...., ... und ....

Übung 2

An welcher Stelle wird sich Simon möglicherweise verlaufen, weil Lea Regel Nr. 1 nicht gewissenhaft eingehalten hat?

Übung 3

Leas Wegbeschreibung enthält zehn Verben der Fortbewegung. Schreibe sie im Infinitiv (Grundform) heraus.

....

....

Übung 4

Leas Wegbeschreibung enthält auch sieben Zeitadverbien. Schreibe sie heraus.

....

....

Übung 5

Welche zwei der fünf Regeln hat Jakob nicht eingehalten?

Regel Nr. .... und ....

Übung 6

Welcher der beiden beschriebenen Wege erscheint dir empfehlenswerter? Begründe.

Übung 7

Formuliere Jakobs Wegbeschreibung unter Beachtung von Regel 4 und 5 um. Du darfst das in Übung 3 und 4 aufgelistete Material verwenden, aber auch andere Verben der Fortbewegung und andere Zeitadverbien.

2. Die Tierbeschreibung

1. Achte vor allem auf die für das Tier charakteristischen Merkmale, durch die es sich von verwandten Tieren unterscheidet. Deine Beschreibung wird anschaulich, wenn du immer wieder den Vergleich mit anderen Tieren ziehst.
2. Versuche auch zu begründen, warum ein Tier ein bestimmtes Merkmal aufweist.
3. Gebrauche die für die Körperteile des Tieres üblichen Begriffe.
4. Gib zunächst den Gesamteindruck (Körperproportionen) wieder, beschreibe dann erst Details, wobei du am besten mit dem Kopf (Maul, Augen, Ohren) beginnst.

Übung 1

Welches ist das charakteristische Merkmal? Kreuze an.

Der Fuchs (Pferd) unterscheidet sich von Schimmel und Rappen durch
- ◯ seine Schläue
- ◯ sein feuriges Temperament
- ◯ sein rotbraunes Fell

Die Wespe unterscheidet sich von Biene und Hummel durch
- ◯ ihre glasigen Flügel
- ◯ ihren unbehaarten Körper
- ◯ ihren Giftstachel

Der Dachs unterscheidet sich von Iltis und Wiesel durch
- ◯ beiderseits der Schwanzwurzel gelegene Stinkdrüsen
- ◯ sein nachtaktives Verhalten
- ◯ den weißen Kopf mit schwarzen Längsstreifen

Der Tiger unterscheidet sich von Jaguar und Leopard durch
- ◯ sein gestreiftes Fell
- ◯ seine kleinen Ohren
- ◯ seine Schnurrhaare

Übung 2

Werner kommt zu spät in den Unterricht: Ein Hund habe ihm den Weg verstellt. Welchen Hund beschreibt Werner?

Der Hund, der mir den Weg verstellt hat, ist vielleicht so groß wie ein Schäferhund, hat jedoch einen kürzeren Rumpf, eine breitere Brust und höhere Vorder- und Hinterbeine. Und vor allem: Sein Fell ist hellbraun und dabei ganz glatt. Am leichtesten erkennt man ihn aber an der breiten Mund-Nasen-Gegend und den Lippen, die die Form eines auf dem Kopf stehenden U haben. Sie geben dem Hund einen sehr grimmigen und dabei auch sehr traurigen Gesichtsausdruck. Aber auch an den kurzen, spitzen, etwas nach vorn gerichteten Ohren und dem sehr kurzen Schwanz kann man ihn gut erkennen. Nur gut, dass die langen Fingernägel an Händen und Füßen nicht sehr scharf sind.

Übung 3

Werner hat sich in seiner Beschreibung nicht sehr fachmännisch ausgedrückt. Ersetze die im Text blau markierten Körperteile möglichst durch ihre Fachbegriffe.

Vorderbein → Vorderlauf

.... → ....

.... → ....

.... → ....

.... → ....

.... → ....

Übung 4

Verfasse eine Beschreibung des Tyrannosaurus Rex. Vergleiche ihn dabei mit dem Brachiosaurus und versuche auch Gründe zu finden für die Unterschiede, die du feststellen kannst.

Brachiosaurus,
ein Pflanzenfresser,
Länge 22 m

Tyrannosaurus Rex,
ein Fleischfresser,
Länge 15 m

3. Beschreibung eines technischen Geräts

1. Beschreibe zunächst die Gesamtbeschaffenheit (Größe, Form, Material, Oberfläche) und dann erst die einzelnen Bestandteile des technischen Geräts.
2. Verwende in deiner Beschreibung nach Möglichkeit Fachbegriffe.
3. Versuche für die Beschaffenheit der Bestandteile des Geräts eventuell auch Gründe zu finden.

Übung 1

Bilde Gegensatzpaare aus folgenden Adjektiven (Eigenschaftswörtern), die du für die Beschreibung der Gesamtbeschaffenheit eines technischen Geräts brauchst.

glänzend breit spitz genoppt eckig lang schmal kurz matt
geriffelt brüchig stumpf rund stabil porös undurchlässig

Größe:

.... – .... – ....

Form:

.... – .... – ....

Material:

.... – .... – ....

Oberfläche / Farbe:

.... – .... – ....

Übung 2

Ordne Discman bzw. Handy die folgenden Bezeichnungen zu.

Telefonbuchtaste – Tastensperre – Pausentaste – Verbindungstaste – Wiedergabetaste – Löschtaste – Zählwerk – Informationstaste – Rückspultaste – Ein-, Aus-, Endetaste – Kopfhörerbuchse – Kopfhörerlautstärkeregler

Discman:	**Handy (Mobiltelefon):**
....	....
....	....
....	....
....	....
....	....
....	....

Übung 3

Du hast beim Turnen deine neue Armbanduhr verloren. Als du dich deswegen an den Hausmeister wendest, stellt er dir mehrere Fragen. Beantworte sie mithilfe der Abbildung.

Handelt es sich um eine Herrenuhr?
Hat die Uhr ein aus schmalen Metallplättchen zusammengesetztes Armband?
Hat sie ein ovales Gehäuse?
Hat sie einen Knopf an der Seite oder zwei?
Hat sie ein Zifferblatt mit Zeigern oder eine Digitalanzeige?
Hat sie römische Ziffern?
Besitzt die Uhr einen Sekundenzeiger?
Sind Sekunden- und Minutenzeiger am Ende spitz?
Besitzt sie eine Wochentagsanzeige?

Übung 4

Dein Rad wurde dir geklaut. Wie gut, dass du einen Fahrradpass besitzt! Damit willst du sofort zur Polizei gehen. Außerdem beschließt du, Freunde und Bekannte per Rundmail über den Diebstahl zu informieren. Verfasse für die E-Mail eine Beschreibung des Fahrrads anhand der Angaben im Fahrradpass.

Fahrrad-beschreibung:

Bitte alles Zutreffende ankreuzen

Art des Rades:

- ☐ Damenrad
- ☐ Herrenrad
- ☐ Jugendrad
- ☐ Kinderrad
- ☐ Klapprad
- ☐ Rennrad
- ☐ Sportrad
- ☐ Trekkingrad
- ☐ Mountainbike
- ☒ Citybike

Marke und Modell des Rades: Sattler / Rasant
Aluminium-Rahmen

Farbe des Rahmens: pink

Farbe der Schutzbleche: schwarz

Reifengröße: 26 Zoll

Kaufdatum: 24.12.01 Kaufpreis: 530,- €

Rahmen-Nummer:
Y 702 28469

- Nummer ist entweder am Tretlager oder am Sattelkopf.
- Falls nicht vorhanden, nachträglich mit Individualnummer kennzeichnen.

Gangschaltung:

- ☒ Nabenschaltung mit 7 Gängen
- ☐ Kettenschaltung mit ____ Gängen
- ☐ Ohne
- ☐ Marke der Gangschaltung: Manuba

Zubehör/Besonderheiten:

- ☐ Lenkerumwicklung, Farbe ____
- ☐ Trommelbremse ☒ Felgenbremse

Sonstiges: Mittelständer, Fahrradcomputer

Beschädigungen: Lackkratzer im Rahmen

Die Personen-beschreibung

1. Die Personenbeschreibung (im Rahmen des Steckbriefs / der Suchmeldung) sollte folgende Angaben enthalten: **Alter, Größe, Figur, Kopf** (Gesicht, Haare, Augen usw.), **Kleidung**, eventuell **besondere Merkmale**.
2. Verzichte bei der Personenbeschreibung auf persönliche Eindrücke und eine beleidigende Ausdrucksweise.

Übung 1

Streiche alle Ausdrücke durch, die innere Eigenschaften oder persönliche Eindrücke wiedergeben oder aber beleidigend sind. Du kannst sie bei der Beschreibung der abgebildeten Personen nicht verwenden.

Narbe auf der rechten Wange – intelligent – ca. 50 Jahre – mutig – dumm – Jeans – Lederjacke mit Fransen – Muttermal auf der Stirn – etwa 1,80 m – unsympatisch – Ohrringe – fett – Stöckelschuhe – beleibt – schwarzes Abendkleid – cool – ca. 30 Jahre – dürr – gewissenhaft – etwa 1,50 m – Turnschuhe – schlank – schwarzes Halstuch mit weißen Punkten – streng

Übung 2

Ordne die nicht durchgestrichenen Wörter zu.

	Ilse	Otto
Alter	ca. 50 Jahre	
Größe		
Figur		
Kleidung		
besondere Merkmale		

Übung 3

Ordne die jeweils passenden Ausdrücke zu.

Gesicht: schmal, breit; knochig, aufgedunsen
Haar: schulterlang, kurz, ganz kurz; glatt, leicht gewellt, gelockt, struppig
Haarfarbe: blond, aschblond, rötlich, grün gefärbt, graumeliert, schwarz, weiß
Bart: Vollbart, Kinnbart, Schnauzbart, Dreitagebart, Oberlippenbart
Ohren: anliegend, abstehend, fleischig, bedeckt
Augenfarbe: blau, grün, grau, hellbraun, dunkelbraun
Nase: kurz, lang, spitz, platt, knollig, schmal, hakenförmig

	Ilse	Otto
Gesicht	schmal, knochig	
Haar		
Haarfarbe		
Bart	—	
Ohren		
Augenfarbe		
Nase		

Übung 4

Verfasse für den regionalen Hörfunk eine Personenbeschreibung Ottos zu folgender Suchmeldung. Verwende die wichtigsten der in den letzten beiden Übungen erarbeiteten Angaben.

Gestern Abend gegen 22 Uhr ist in der Nähe von Viecht die Scheune eines wohlhabenden Gutshofes in Flammen aufgegangen. Schuld an dem Unglück ist aller Wahrscheinlichkeit nach der 27-jährige Otto W. aus Hasbach, der in die Scheune eingedrungen war, offenbar um darin zu übernachten. Als er sich mithilfe eines Gaskochers sein Abendessen zubereiten wollte, fing das Stroh sofort Feuer, wenig später ging die ganze Scheune in Flammen auf. Die Beschreibung des flüchtigen Täters: Der Mann ist etwa 1,50 m groß …

Übung 5

Nach vier Wochen ist Otto noch immer nicht gefasst. Die Rundfunkredaktion muss erneut eine Suchmeldung verfassen. Welche der in den Übungen 2 und 3 ermittelten Angaben zu Ottos Aussehen sind nun womöglich nicht mehr aktuell?

G Der sachliche Brief: Überblick verschaffen

1. ... über den formalen Aufbau eines Briefes

Darum gehts!

Stell dir vor, du hast dich über ein Geschenk deiner Großmutter sehr gefreut und willst dich nun in einem Brief bedanken. Oder stell dir vor, du hattest ein spannendes Ferienerlebnis, das du einem Freund schildern möchtest: In beiden Fällen ist es wichtig, dass du weißt, wie man in einem **persönlichen Brief** seine Gefühle zum Ausdruck bringt. Es gibt aber auch **sachliche Briefe**, und um die geht es im Folgenden. Schon in der **Einladung** werden weniger Gefühle ausgedrückt, sondern vor allem Informationen vermittelt: z. B. über Zeit und Ort der Veranstaltung. Bei **Anfrage** und **Beschwerde** steht die sachlich korrekte Information ganz im Mittelpunkt. Das macht auch die Verwendung einer sachlichen Sprache erforderlich sowie die Einhaltung bestimmter formaler Besonderheiten.

Sachlicher Brief an Behörden usw.

Name und
Adresse des
Absenders

Ort, Datum

Name und
Adresse des
Empfängers

Betreff (z. B. *Anfrage wegen eines Aufenthalts in Ihrer Herberge*)
Bezug (nur in Antwortbriefen; z. B. *Ihr Schreiben vom 18.9.20..*)

Anrede (z. B. *Sehr geehrte Damen und Herren,*)

....

....

....

Grußformel (z. B. *Mit freundlichen Grüßen*)

Unterschrift (*Ihr/e ...*)

2. … über die Arbeitsschritte: Checkliste

So klappts!

1. Thema erschließen
- Themenstellung mehrmals aufmerksam lesen
- Was für eine Art von Brief wird verlangt? (Brief persönlichen Inhalts? Brief sachlichen Inhalts?)
- Welchem Zweck dient der Brief (Einladung? Anfrage? Beschwerde?)
- Wer ist Empfänger des Briefes? (Ein Freund? Eine Person des öffentlichen Lebens? Eine Behörde?)
- Wird ein knapper oder ein ausführlicher Brief verlangt?

2. Stoff sammeln
Brief aufsetzen (nicht gleich ins Reine schreiben) bzw. alles, was dir zum Thema einfällt, in Stichpunktform notieren

3. Stoff ordnen
Die für den Brief verwertbaren Notizen unterstreichen, herausschreiben, kürzen, ergänzen, sinnvoll ordnen

4. Brief ausformulieren
- Auf die Einhaltung einer sinnvollen Reihenfolge achten
- Aussagen gegebenenfalls auch begründen
- Sich aufs Wesentliche konzentrieren, dabei aber keine für den Empfänger wichtige Information vergessen
- Sachlich schreiben (keine Spannung aufbauen; keine Gefühle, keine persönlichen Eindrücke)
- Genau schreiben (z. B. mithilfe von Adverbien, Attributen)
- Verständlich schreiben (keine komplizierten Schachtelsätze)
- Wortwiederholungen vermeiden
- Aufdringlichkeit und Übertreibungen, Beleidigungen und Schmeicheleien vermeiden
- Neuen Abschnitt mit neuem Absatz beginnen

5. Durchchecken
- Überprüfen, ob Einleitung und Schluss im Verhältnis zum Hauptteil nicht doch zu lang geworden sind
- Überprüfen, ob der Bericht alle für den Adressaten wichtigen Informationen enthält (unwichtige Einzelheiten rausstreichen)
- Sätze möglichst nicht unverbunden nebeneinander stehen lassen, sondern mit kleinen Wörtern wie *nun, darauf, außerdem, aber* miteinander verbinden
- Rechtschreib- und Grammatikfehler verbessern (*du, deiner* usw. kleinschreiben; *Sie, Ihrer* usw. großschreiben)

Der sachliche Brief

1. Eine Einladung schreiben und beantworten

Folgender Aufbau ist zu empfehlen:
1. In der **Einleitung** benennst du die Art der Veranstaltung sowie Zeit und Ort.
2. Im **Hauptteil** informierst du kurz über den Ablauf der Veranstaltung.
3. Im **Schluss** versuchst du, den Adressaten zur Annahme der Einladung zu bewegen.

Achte besonders auch darauf, dass
- die äußere Form stimmt (Ort und Datum nicht vergessen)
- du nicht zu distanziert und unpersönlich schreibst, aber dich auch nicht aufdrängst und übertreibst

Berlin, 5. Juni 2002

Liebe Vanessa,

hiermit ergeht die Einladung zu meiner Geburtstagsfeier an dich. Sie findet am Samstag, den 15. Juni statt.
Die Geburtstagsgäste finden sich gegen 15 Uhr zunächst in unserem Gartenhäuschen bei Wansdorf ein. Dort wird die Geburtstagstorte verteilt und auch sonst für das leibliche Wohl gesorgt werden. Nach dem Essen machen die Beteiligten dann einen Verdauungsspaziergang in den nahe gelegenen Wald, wo sie spannende Geländespiele erwarten. Man lasse sich überraschen! Gegen 18 Uhr werden dann alle wieder zurück sein. Nun steht noch der Besuch eines Schnellrestaurants auf dem Programm. Vater wird alle in seinen Kleinbus packen und nach Wedding zu McNature fahren, einem Schnellrestaurant, das auch Vollkornburger anbietet – ich weiß nicht, wer schon mal dort war.
Die Einladung ergeht übrigens an noch sechs weitere Klassenkameraden. Vielleicht kommt ja auch der eine oder andere. Wenn nur das Wetter auch mitspielt!

Vielleicht bis bald

dein Rezzo

Berlin, 5. Juni 2002

Allerliebste Vanessa,

hiermit lade ich dich ganz, ganz herzlich zu meiner Geburtstagsfeier ein.
Vor allem steht der Besuch eines Fastfoodrestaurants auf dem Programm. Papa wird uns in seinen niegelnagelneuen Kleinbus packen und nach Wedding zu McNature fahren, einem Schnellrestaurant, das auch Vollkornburger anbietet – ich weiß nicht, ob du schon mal dort warst. Falls nicht, musst du es auf jeden Fall mal kennen lernen. Zuvor aber erwarten dich hochspannende Geländespiele.
Was du unbedingt auch wissen musst: Ich habe noch sechs weitere Klassenkameraden eingeladen, mit denen du dich blendend verstehst. Also, ich glaube, jetzt wirst du gar nicht mehr anders können, als die Einladung anzunehmen.
Zunächst treffen wir uns übrigens in unserem allerliebsten Gartenhäuschen bei Wansdorf. Dort verspeisen wir meine absolut leckere Geburtstagstorte und auch sonst wird für alles gesorgt sein. Nach dem Essen machen wir dann einen Verdauungsspaziergang in den nahe gelegenen Wald, wo uns die bereits erwähnten hochspannenden Geländespiele erwarten. Lass dich ordentlich überraschen!

Ganz sicher dann bis bald

dein Rezzo

Übung 1

Vergleiche die beiden Briefe. Jeder der folgenden Kritikpunkte trifft nur auf einen der beiden Briefe zu. Kreuze an.

	1. Brief	2. Brief
Orts- und Zeitangaben fehlen.	○	○
Das Pronomen *du* fehlt fast ganz, daher zu unpersönlich.	○	○
Der Aufbau ist durcheinander geraten.	○	○
Der Briefschreiber schmeichelt zu sehr.	○	○
Der Brief enthält viele Übertreibungen.	○	○
Das Pronomen *wir* fehlt ganz, daher zu distanziert.	○	○
Zu viele Verbindungen aus Substantiven und leeren Verben.	○	○
Der Brief wirkt zu aufdringlich.	○	○

Übung 2

Formuliere die Einladung nun selbst. Vermeide dabei die in den beiden Briefen festgestellten Mängel.

Übung 3

Schreibe Vanessas Absage. Die Begründung: Sie habe am 15. Juni, zwei Tage vor der letzten Mathematikschularbeit, eine Nachhilfestunde, die nicht verlegt werden kann.

2. Eine Anfrage schreiben

Folgender Aufbau ist zu empfehlen:
1. Stelle dich selbst vor und beschreibe kurz die Umstände, die zu der Anfrage geführt haben
2. Formuliere deine Fragen/Wünsche
3. Bitte um Beantwortung der Fragen / Verwirklichung der Wünsche
4. Bedanke dich im Voraus

Ritter-von-Frisch-Gymnasium
Lilli Ludwig, 6d
Albinstr. 5
85999 Mossing

Mossing, 10.01.2002

An die
Jugendlichen der Moschee des
Diyanet Türkisch Islamischen Kulturvereins
Riesengebirgsstr. 6
85999 Mossing

Anfrage wegen Informationen zur Bedeutung der Moschee für jugendliche Muslime

Liebe Jugendliche,

im Rahmen der Projekttage an unserer Schule, die in diesem Jahr dem Thema „Islam" gewidmet sind, haben wir, die Arbeitsgruppe „Junge Muslime in unserer Stadt", die Aufgabe erhalten, uns darüber zu informieren, welche Bedeutung die Moschee unserer Stadt für euch jugendliche Muslime hat. Im Einzelnen interessieren uns folgende Fragen:
- Welche Bedeutung hat die Moschee für euer religiöses Leben?
- Dient die Moschee nur religiösen Zwecken?
- Warum sieht eure Moschee wie ein gewöhnliches Haus aus, nicht wie eine Kirche?
- Müsst ihr, wenn ihr Mädchen seid, in der Moschee ein Kopftuch tragen?
- Dürfen auch Christen die Moschee betreten?

Da keiner von uns einen muslimischen Freund oder Bekannten hat, hoffen wir, dass jemand von euch unsere Fragen beantwortet. Für eure Mühe vorab vielen Dank!

Im Auftrag der Arbeitsgruppe „Junge Muslime in unserer Stadt"
eure Lilli

Übung 1

Lilli stellt alle Fragen direkt. Formuliere den Fragenteil um, indem du auch Aussage- und Aufforderungssätze verwendest.

Übung 2

Ergänze mithilfe des obigen Briefes. Gib statt des Betreffs einen Bezug an.

.... Mossing, 17.01.2002

....

....

....

85999 Mossing

....

....

....

....

85999 Mossing

....

....

vielen Dank für eure Anfrage. Die Aufgabe, eure Fragen zu beantworten, habe ich gern übernommen, da mir mein Glaube sehr viel bedeutet.
Die Moschee ist vor allem ein Ort des Gebets und das sollte sie auch für uns jugendliche Muslime sein. Ihr wisst ja wahrscheinlich, dass gläubige Muslime fünf Mal am Tag beten. Aber es wird nicht nur gebetet. Es gibt bei uns auch so etwas Ähnliches wie Predigten: Der Hodscha, so nennen wir unseren Pastor, übersetzt für uns Koranverse aus dem Arabischen ins Türkische und legt sie anschließend aus. Das tut er besonders am Freitag, unserem wöchentlichen Feiertag. Gesungen wird bei uns hingegen nicht so oft wie in einer christlichen Kirche, sondern nur zu besonderen Anlässen. Aber die Moschee dient nicht nur religiösen Zwecken. Viele von uns verbringen dort auch ihre Freizeit. Deshalb haben wir auch eine Teeküche und – für uns Jugendliche noch wichtiger – einen Freizeitraum mit Tischfußball und einem Computer mit Internetanschluss.
Nun zu der Frage nach dem Kopftuch: Das müssen Mädchen und Frauen auch in der Moschee nicht immer tragen, sondern nur, wenn ein Mann dabei ist.
Christen sind uns übrigens sehr willkommen. Schaut doch einfach mal bei uns vorbei, dann werden wir euch noch mehr von unserem Glauben erzählen.

Im Auftrag der muslimischen Jugendlichen Mossings
Fatma Gürses

3. Eine Beschwerde schreiben

Folgender Aufbau ist zu empfehlen:
1. Stelle dich selbst vor
2. Beschreibe kurz den Missstand
3. Nenne Gründe für den Missstand und beschreibe seine Folgen, bringe Belege (z. B. konkrete Beispiele)
4. Nenne die Schritte, die zur Beseitigung des Misstandes bereits unternommen wurden
5. Bitte um Abhilfe
6. Unterbreite eigene Vorschläge zur Abhilfe
7. Bedanke dich im Voraus

Keplergymnasium
Klasse 6a
Am Stadtweiher 3
37707 Bühlen

Bühlen, 5. Mai 2002

Stadtverwaltung Bühlen
Herrn Bürgermeister Theodor Dingel
Unter den Ahornbäumen 8
37707 Bühlen

Probleme wegen direkter Sonneneinstrahlung im Klassenzimmer

Sehr geehrter Herr Bürgermeister Dingel,

lassen Sie uns, die Klasse 6a des Keplergymnasiums, heute mit einem Problem vor Sie treten, das uns seit ca. drei Monaten beschäftigt. Uns macht die direkte Sonneneinstrahlung zu schaffen, der wir in unserem neuen Klassenzimmer Vormittag um Vormittag ausgesetzt sind.
...
Wir haben uns bereits mehrmals beim Direktor unserer Schule beschwert. Aber es hat nichts geholfen. Nun wenden wir uns an Sie, da Sie als Bürgermeister unserer Stadt für den so genannten Sachaufwand unserer Schule letztlich verantwortlich sind.
Sorgen Sie schleunigst für Abhilfe, schließlich werden Sie dafür bezahlt!
Wir sind Ihnen auch schon unendlich dankbar, wenn Sie uns bei Gelegenheit die Erlaubnis erteilen, selbst für Abhilfe sorgen zu dürfen. Wir würden uns dann selbst um die Montage von Vorhangstangen kümmern und auch die Vorhänge aus der eigenen Tasche bezahlen.
Vielen Dank für Ihre Bemühungen.

Mit freundlichem Gruß

Klasse 6a

1. Selbstvorstellung
2. Kurze Beschreibung des Missstandes
3. (fehlt)
4. Schritte, die zur Beseitigung des Missstandes unternommen wurden
5. Bitte um Abhilfe
6. Unterbreiten eigener Vorschläge zur Abhilfe
7. Danksagung

Übung 1

Ordne die folgende Stoffsammlung zu Teil 3 des Beschwerdebriefs, indem du die Stichpunkte in das Schema einträgst.

hitzebedingte Konzentrationsschwierigkeiten, Fehlen jeglichen Sonnenschutzes, steigendes Hautkrebsrisiko, Ausrichtung der Fenster nach Südosten, schlechte Note beim Abfragen englischer Vokabeln, Einsatz des Tageslichtprojektors nicht möglich, Bestätigung des Hautkrebsrisikos durch den Biologielehrer, Erdkundelehrer verärgert

Missstand:
Direkte Sonneneinstrahlung im Klassenzimmer

Gründe für den Missstand:	
Fehlen jeglichen Sonnenschutzes	....

Folgen in der Vergangenheit:	Folgen in der Gegenwart:	Folgen in der Zukunft:
....	....	....
Beleg (konkretes Beispiel):	Beleg (konkretes Beispiel):	Beleg (Berufung auf Autorität):
....	....	....

Übung 2

Formuliere den fehlenden 3. Teil des Briefes anhand des Schemas.

Übung 3

Die Bitte um Abhilfe ist in einem beleidigenden Ton abgefasst. Formuliere sie freundlicher.

Übung 4

Die eigenen Vorschläge zur Abhilfe sind zu bescheiden. Suche einen Kompromiss, der beide Seiten zufrieden stellt.

Quellenverzeichnis

Seite	Quelle
32/33	Solarrad nach einer Idee von Markus Beubl, Solarfreunde Moosburg: www.solarfreunde-moosburg.de Solarmotor mit Triebrad und Solarzelle z. B. erhältlich bei www.lemo-solar.de (Preis zusammen ca. 13 €)

Deutsch 5./6. Klasse

Boris Prem

Aufsatz: Bericht, Beschreibung, Brief

Lösungsteil mit Beispielaufsätzen

(an der Perforation heraustrennen)

Nach dem Heraustrennen bitte hier klammern

Mentor Übungsbuch 817

Mentor Verlag München

B Der Bericht
1. Von der Erzählung zum Bericht

Übung 1

… wurde er durch eine zweite Verwundung daran gehindert. ✗ 12. Weil er nun merkte, dass er von allen Seiten …

Folgende Verben sind zu unterstreichen:

zurückweist, reißt, schreit, verletzt

Übung 2

1. große Selbstbeherrschung besaß?	Satz Nr. 15
2. sich gern über seine Mitmenschen lustig machte?	Satz Nr. 5
3. auf seine Ehre bedacht war?	Satz Nr. 13
4. pflichtbewusst war?	Satz Nr. 4

Übung 3

Lösungsvorschlag

Rom. Soeben wurde (Gaius Julius) Cäsar (, Pontifex maximus und Diktator auf Lebenszeit,) im Rathaus von mehreren Senatoren mit Dolchen ermordet. Zu den Mördern gehören Cimber Tullius und einer der Casca-Brüder. Unbestätigten Quellen zufolge soll Cäsar 23 Stichwunden erhalten haben. Die Mörder sind nach ihrer Tat geflohen. (Noch fehlt von ihnen jede Spur. Auf die Hintergründe für die Tat gibt es bislang noch keine Hinweise. Welche Folgen die Tat für das Imperium Romanum haben wird, ist derzeit noch völlig offen.)

2. Die verschiedenen Arten des Berichts unterscheiden

10 | 11

Übung 1

Text 1:
Am Unfalltag arbeitete ich als Funkamateur auf der obersten Plattform meines 25 Meter hohen Antennenmastes. Als ich mit meinen Reparaturarbeiten fertig war, stellte ich fest, dass sich …
Unfallmeldung

Text 2:
Im Rahmen der diesjährigen Projekttage zum Thema „Leben in Zentralasien“, die vom 25.–28.11. an unserer Schule stattfanden, habe ich zusammen mit weiteren 14 Schülern der …
Arbeitsbericht

Text 3:
Vor ca. einer Woche erhielt ein international tätiger schweizerischer Briefmarkenhändler einen Anruf von einem ihm unbekannten Mann, der ihm eine mehrere Millionen Euro wertvolle …
Polizeibericht

Text 4:
Gegen 8.40 Uhr schloss uns Frau Golding, die den Wettbewerb leitete, den Musiksaal auf. Zusammen mit Claudia, die auch die 6c besucht, betrat ich den ovalen, mit nach hinten …
Veranstaltungsbericht

Text 5:
Washington. Wegen Tierquälerei ist ein 19-Jähriger von einem Gericht im US-Bundesstaat North Carolina zum Lesen aller „Lassie“-Bücher verurteilt worden. Der Angeklagte behauptet, …
Zeitungsbericht

Übung 2

Lösungsvorschlag

	Ich-Form / Er-/Sie-Form	**Adressat (Empfänger)**
Text 1	Ich-Form	Versicherungsgesellschaft
Text 2	Ich-Form	z. B. ein Freund, die Schülerzeitung
Text 3	Er-/Sie-Form	vor allem die Medien
Text 4	Ich-Form	z. B. ein Freund, die Schülerzeitung
Text 5	Er-/Sie-Form	die interessierte Öffentlichkeit

Übung 3

Lösungsvorschlag
Wetterbericht, Reisebericht (Arztbericht, Rechenschaftsbericht)

12 13

3. Der Veranstaltungsbericht I: Die W-Fragen

Übung 1

Mutti, du hast dir doch hoffentlich keine Sorgen wegen mir gemacht! Weißt du, wo ich war? Unten an der Bundesstraße, wir haben Frösche über die Straße getragen, es hat riesig Spaß gemacht. Ständig kommen neue Frösche, die man rübertragen muss. Weißt du, die sind jetzt auf der Wanderung zu ihrem Laichgewässer – immer zwischen Mitte Februar und Mitte Mai. Du bist doch nicht böse, dass ich erst jetzt komme. Hab doch vielen Fröschen das Leben gerettet! Sonst wären sie vielleicht von Autos überfahren worden. Zusammen haben wir über 2200 Tiere in Sicherheit gebracht, dabei waren wir vielleicht gerade mal zu zehnt. Auch mehrere Jungen in meinem Alter waren dabei. Wenn du mir nicht glaubst, dann erkundige dich doch beim Naturkundeverein Bruck, der hat die Aktion geleitet …

Übung 2

1. Wann fand die Rettungsaktion für die Frösche statt?
An einem Abend zwischen Mitte Februar und Mitte Mai.
2. Wo fand die Aktion statt?
An der Bundesstraße.
3. Wer war der Veranstalter / beteiligte sich an der der Aktion?
Veranstalter war der Naturkundeverein Bruck, ca. 10 Personen beteiligten sich an der Aktion, darunter auch mehrere Jungen im Alter von ungefähr zehn Jahren.
4. Was geschah?
Frösche wurden über die Straße getragen, damit sie nicht von Autos überfahren werden.
5. Welches Ergebnis / Welche Folgen hatte die Aktion?
Über 2200 Tiere konnten in Sicherheit gebracht werden.
6. Was ist der Hintergrund für die Aktion?
Die Wanderung der Frösche zu ihrem Laichgewässer.

Übung 3

Zu wenig genau für einen Bericht sind die Zeit- und die Ortsangabe.

Übung 4

In der Einleitung des ersten Artikels bleibt die Frage „Wo fand die Veranstaltung statt?" unberücksichtigt; in der Einleitung des zweiten Artikels die Frage „Wer war der Veranstalter?".

Übung 5

Lösungsvorschlag
Nur der zweite Artikel ist sachlich geschrieben. Der Autor des ersten Artikels könnte eine unterhaltsame Schreibweise gewählt haben, weil viele Menschen seinen Artikel dann lieber lesen. Auch das Mitleid des Lesers wird auf diese Weise stärker erregt, wodurch sich vielleicht weitere freiwillige Helfer der Aktion anschließen.

4. Der Veranstaltungsbericht II: Adverb, Adverbiale, Gliedsatz, Attribut

14 15

Übung 1

	Adverb / Adverbiale des Ortes	Adverb / Adverbiale der Zeit	Adverb / Adverbiale der Art und Weise
eilends	○	○	☒
am 18. Februar	○	☒	○
gern	○	○	☒
darauf	☒	☒	○
in schriftlicher Form	○	○	☒
bald	○	☒	○
nach der ersten Pause	○	☒	○
an der Tafel	☒	○	○
in unserem Klassenzimmer	☒	○	○

Übung 2

Die Klassensprecherwahl

Am 18. Februar haben wir, die Klasse 5a, einen neuen Klassensprecher gewählt. Frau Burger, unsere beliebte Klassenlehrerin, hat die Wahl geleitet. Michael Wachter wurde erster Klassensprecher, Ruth Vogelsang Stellvertreterin.

Die Wahl wurde unmittelbar nach der ersten Pause in unserem Klassenzimmer durchgeführt. Zunächst wies Frau Burger darauf hin, dass die Wahl in schriftlicher Form und geheim erfolgen müsse. Anschließend durften Wahlvorschläge gemacht werden. Insgesamt wurden sechs Mitschüler vorgeschlagen. Trotzdem standen schließlich nur drei Namen an der Tafel: Ruth Vogelsang, Jenny Hausmann und Michael Wachter. Die anderen lehntes es ab zu kandidieren.

Bevor Frau Burger die kleinen, quadratischen Stimmzettel austeilte, erklärte sie noch, dass jeder nur einen Namen darauf schreiben dürfe. Auch bat sie uns, die Zettel nur zweimal zu falten. Ein mühsames Öffnen bleibe uns dann erspart. Die Wahl konnte beginnen. Jeder schrieb eilends einen Namen auf das Papier und bald lagen alle 26 Stimmzettel in der unansehnlichen Schirmmütze, die ein Mitschüler zur Verfügung gestellt hatte.

Während Franziska Ertl sich gern dazu bereit fand, die Stimmzettel zu öffnen und zu verlesen, setzte Erdal …

Übung 3

Lösungsvorschlag

Temporalsatz (Umstandssatz der Zeit):

Nachdem Frau Burger darauf hingewiesen hatte, dass die Wahl in schriftlicher Form und geheim erfolgen müsse, durften Wahlvorschläge gemacht werden.

Oder: Bevor Wahlvorschläge gemacht werden durften, wies uns Frau Burger darauf hin, dass die Wahl in schriftlicher Form und geheim erfolgen müsse.

Kausalsatz (Umstandssatz des Grundes):

Auch bat sie uns, die Zettel nur zweimal zu falten, da / weil uns ein mühsames Öffnen dann erspart bleibe.

Konzessivsatz (Umstandssatz der Einräumung):

Obwohl insgesamt sechs Mitschüler vorgeschlagen wurden, standen schließlich nur drei Namen an der Tafel.

Übung 4

Durchzustreichen sind:

beliebte, unansehnlichen, arme

16 17

5. Der Veranstaltungsbericht III: Der Stichwortzettel

Übung 1

Lösungsvorschlag

Sandras Stichwortzettel:	Philipps Stichwortzettel:
Besichtigung der Tropfsteinhöhle Schulerloch im Altmühltal durch die Klasse 5b der Eichendorff-Hauptschule in Regensburg in Begleitung von Frau Leucht am 6.7.2001	Unser Besuch einer Tropfsteinhöhle bei Essing
– Regensburg mit dem Bus ab: 9.34 Uhr – Tropfsteinhöhle an: 10.06 Uhr – vom Parkplatz zur Tropfsteinhöhle: 15 Minuten Gehzeit, ziemlich steil bergauf (50 m Höhenunterschied), durch Laubbäume	– gemütliche Busfahrt zur Tropfsteinhöhle (ca. halbe Stunde Fahrtzeit) – vom Parkplatz aus kurze, aber schweißtreibende Wanderung zur Höhle
– vor der Höhle zu besichtigen: originalgetreuer Abguss der Felsgravur aus dem kleinen Schulerloch	– vor der Höhle: Bewunderung einer in einen Felsen geritzten Zeichnung, die aber nicht echt ist
– Eintrittspreise: – Erwachsene: 3,00 € inkl. MwSt. – Kinder (4–13 Jahre): 2,00 € inkl. MwSt. – Gruppenkarte ab 20 Kinder (4–13 Jahre): je 1,80 € inkl. MwSt.	– Jeder Schüler muss 1,80 € bezahlen.
Öffnungszeiten: – geschlossen zum Schutz der Fledermäuse bis 31. März – ab 1.4. von 13.00 bis 16.00 Uhr	– Auf mich macht die Höhle einen nicht sehr unheimlichen Eindruck, da sie relativ flach ist und sandige, gut begehbare Wege sowie elektrische Beleuchtung hat.
Infos des Höhlenführers: – Höhlenlänge 420 m – größter Raum 793 m³ – Temperatur: immer 9 Grad – Wohnhöhle des Neandertalers und eiszeitlicher Tiere – Stalagmiten: von unten nach oben wachsende Tropfsteine; Stalaktiten: von der Decke herabwachsende Tropfsteine	Wissenswertes: – ziemlich lang – ziemlich groß – auch im Sommer ziemlich kalt – schon von Menschen und Tieren der Eiszeit bewohnt – überall säulenartige Gebilde; teils von unten nach oben, teils von oben nach unten gewachsen – kurze Musikvorführung: beeindruckende Akustik
– kurz nach 11 Uhr: alle wieder im Bus – in Essing: noch kurze Eispause; Lehrerin fragt nach unseren Eindrücken	– nach knapper Stunde: alle wieder im Bus – Eisessen in Essing, weil wir brav waren

Übung 2

Die Fachausdrücke sind:
Abguss, Felsgravur, Neandertaler, Stalagmiten, Stalaktiten

Übung 3

Lösungsvorschlag
- Eintrittspreis pro Schüler: 1,80 €
- Höhle nicht sehr unheimlich, da relativ flach, sandige, gut begehbare Wege, elektrische Beleuchtung

Übung 4

Lösungsvorschlag
Am 6.7.2001 besichtigten wir, die Klasse 5b, die Tropfsteinhöhle Schulerloch im Altmühltal. Unsere Lehrerin Frau Leucht begleitete uns dabei.
Nach einer etwa halbstündigen Busfahrt erreichten wir den Besucherparkplatz. Von dort aus führte uns ein kurzer, aber steil ansteigender Weg zum Schulerloch. Bereits vor der Höhle wartete die erste Sehenswürdigkeit auf uns: ein originalgetreuer Abguss der Felsgravur aus dem kleinen Schulerloch. Wir warfen nur einen flüchtigen Blick darauf, um möglichst bald im Innern der Tropfsteinhöhle zu sein. Nun waren wir allerdings doch etwas enttäuscht. Da die Höhle relativ flach ist und sandige, gut begehbare Wege sowie elektrische Beleuchtung hat, wirkt sie nicht sehr unheimlich. Laut Höhlenführer ist die Höhle übrigens 420 m lang. Die Temperatur beträgt immer (also auch im Sommer) 9 Grad. Bereits in der Eiszeit haben hier Tiere gehaust und auch dem Neandertaler diente der Ort als Wohnung. Mit der Erklärung des Unterschieds zwischen Stalagmiten (von unten nach oben wachsende Tropfsteine) und Stalaktiten (von der Decke herabwachsende Tropfsteine) beendete der Führer den Vortrag. Nun ließ man uns noch ein kurzes Musikstück hören, damit wir die beeindruckende Akustik miterleben konnten.
Nach einer knappen Stunde saßen wir wieder im Bus. Eine kurze Eispause in Essing krönte den Ausflug.
Wer nun Lust bekommen hat, selbst einmal das Schulerloch zu besichtigen, den interessiert bestimmt auch der Eintrittspreis: Er beträgt für Einzelbesucher (Kinder) bis 13 Jahre 2,00 €. Aber Achtung: Die Höhle bleibt zum Schutz der Fledermäuse bis Ende März geschlossen.

18 19

6. Der Unfallbericht I: Einleitung – Hauptteil – Schluss

Übung 1

	1. Artikel	2. Artikel
Wann …?	gestern	Dienstag gegen 7.45 Uhr
Wo …?	in Neuwied	auf Zebrastreifen in Saarstraße, Höhe Amtsgericht
Wer …?	11-jähriger Junge	10-jähriges Mädchen
Was …?	mit Fahrrad gegen parkenden LKW geprallt	von Porsche erfasst, acht Meter weit durch Luft geschleudert
Welche …?	mit schweren Kopfverletzungen ins Krankenhaus eingeliefert	bewusstlos, mit lebensbedrohlichen Verletzungen im Krankenhaus

Übung 2

Am 7. Juli ereignete sich in der Pausenhalle ein Unfall, bei dem sich ein Schüler der Klasse 6d den linken Arm ausrenkte. Er wurde bis zu den Sommerferien vom Sportunterricht freigestellt.

Am 5. Mai wurden zwei Gastschülerinnen aus Frankreich an der Bushaltestelle vor der Schule von einem Skinhead mit einem Messer leicht verletzt. Sie kehrten sofort nach Frankreich zurück.

Am 27. Oktober wurde Studienrat Gasmeier im Physiksaal Opfer eines Arbeitsunfalls. Er erlitt bei der Explosion eines Wasserstoff-Sauerstoff-Gemischs Verbrennungen am Kopf, die möglicherweise Narben im Gesicht hinterlassen werden.

Übung 3

Unfallort	Tätigkeit	Unfallursache	Unfallhergang	Verletzung
Türschwelle vor Turnhalle	Zahnradbahnfahren	Felsen auf Gleis	Aufprallen	Prellungen und Quetschungen
Schneejoch	Springen vom Fünfmeterbrett	Wasseroberfläche	Entgleisen und Umkippen	Hautaufschürfungen an Knie
Blausee	schnelles Laufen	Türschwelle	Stürzen	Aussetzen der Atemtätigkeit

Übung 4

	Warnung	Appell	Schulleiter	Versicherung
Sorgen Sie für eine Absperrung zwischen Gehweg …	○	☒	☒	○
Ich habe nun nachgewiesen, dass meinem Sohn …	☒	○	○	☒

7. Der Unfallbericht II: Stichwortnotizen verarbeiten

20 | 21

Übung 1

Lösungsvorschlag

2. Idorfer Feuerwehrmänner beginnen mit Löscharbeiten
3. Flammen schlagen durchs Dach
4. Feuerwehrmänner aus Nachbargemeinden bringen Tanklöschfahrzeuge in Stellung / sind mit Tanklöschfahrzeugen eingetroffen
5. Flammen mithilfe zahlreicher Strahlrohre fast unter Kontrolle gebracht
6. Erfolgloser Versuch mithilfe von Atemschutzgeräten Pferde zu befreien – Einsturzgefahr

Übung 2

Lösungsvorschlag

Um 18.25 Uhr bemerkte ich, dass die Scheune an der Dorfstraße 20 brannte. Sofort alarmierte mein Onkel die Feuerwehr. Um 18.40 war die Idorfer Feuerwehr zur Stelle und begann sofort mit den Löscharbeiten. Trotzdem konnte nicht mehr verhindert werden, dass das Dach von den Flammen erfasst wurde. Um 18.55 Uhr waren dann auch die Feuerwehren aus den Nachbargemeinden mit den Tanklöschfahrzeugen eingetroffen. Mithilfe zahlreicher Strahlrohre brachten sie die Flammen rasch unter Kontrolle. Der Versuch, nun mithilfe von Atemschutzgeräten die Pferde zu befreien, scheiterte hingegen wegen der Einsturzgefahr des Gebäudes. Mehrere Pferde starben in den Flammen eines qualvollen Todes.

Als Ursache für das Feuer vermute ich Brandstiftung, da die Tür zum Pferdestall vor der Ankunft der Feuerwehr ordentlich verschlossen war. Hätten Kinder in dem Gebäude gezündelt, wären sie beim Ausbruch des Feuers höchstwahrscheinlich in panischer Angst davongelaufen.

Übung 3

Lösungsvorschlag

Am 21.4.2001 ist in Idorf eine Scheune abgebrannt. In der Scheune war ein Pferdestall untergebracht, mehrere Tiere kamen ums Leben. Der Kripo zufolge lösten zwei Kinder, die in der Scheune gezündelt haben sollen, den Brand aus. Vieles jedoch deutet auf vorsätzliche Brandstiftung hin.

Gegen 18.15 Uhr brach das Feuer in dem Pferdestall an der Dorfstraße 20 aus. Als die Idorfer Feuerwehr ca. 25 Minuten später mit den Löscharbeiten begann, hatten die Flammen bereits das Dach erfasst. Erst mithilfe der Feuerwehren aus den Nachbargemeinden konnte der Brand unter Kontrolle gebracht werden. Der Versuch, die Pferde zu retten, musste wegen Einsturzgefahr abgebrochen werden.

Auf vorsätzliche Brandstiftung deutet zunächst einmal der Umstand, dass die Tür zum Pferdestall ordentlich verschlossen war, als die Feuerwehr eintraf. Hätten Kinder in dem Gebäude gezündelt, wären sie beim Ausbruch des Feuers höchstwahrscheinlich panikartig davongelaufen, ohne vorher die Tür zu schließen. Auch der genaue Tatort sowie die Tatzeit scheinen keineswegs dem Zufall überlassen worden zu sein. Der Ort, wo das Feuer gelegt wurde, ist wahrscheinlich die leer stehende Pferdebox in der Stallmitte, was der durch die große Hitze von der Wand gefallene Putz beweist. Von hier aus konnten sich die Flammen sehr gut zu beiden Seiten der Stallgasse ausbreiten. Auch die Tatzeit (gegen 18 Uhr) war geschickt gewählt. Die Stallhilfe verlässt das Gebäude nämlich gewöhnlich bereits gegen 17.15 Uhr, während die Pferdebesitzer wochentags meist nicht vor 19 Uhr nach ihren Tieren schauen. Und letztendlich wird man Kindern nicht zutrauen, dass sie Pferdeboxen zunageln.

In Anbetracht dieser Tatsachen stellt das Ermittlungsergebnis der Kripo einen Skandal dar. Trotzdem erwarte ich nicht, dass der Fall noch einmal aufgerollt wird. Ich bin schon glücklich, wenn ich hiermit erreiche, dass alle Pferdefreunde künftig noch besser auf ihre Tiere aufpassen.

8. Der Unfallbericht III: Zeugenaussagen verarbeiten

Übung 1

Lösungsvorschlag

Version Frau Ehrlein: Radfahrer fährt durch Schlagloch und stürzt, keine Verletzungen, Hund fällt Radfahrer von hinten an, beißt erst in Kopf, dann in rechten Oberschenkel, Motiv: Mordlust

Übung 2

Lösungsvorschlag

Der junge Mann fuhr offenbar durch ein Schlagloch und verlor dadurch das Gleichgewicht, sodass er stürzte. Dabei aber hat er sich unter Umständen/womöglich noch keine Verletzungen zugezogen. Erst der plötzlich auftauchende Hund dürfte/könnte ihm zunächst die Kopfverletzung und dann die Wunde am Oberschenkel zugefügt haben. Möglicherweise aus purer Mordlust.

Übung 3

Lösungsvorschlag

Ganz anders allerdings stellt Frau Grämlich, die Hundehalterin, den Unfallhergang dar. Als sie mit ihrem Hund Gassi gegangen sei wie jeden Abend, sei aus dem Garten des Hauses mit der Nummer 13 plötzlich ein kleines, rundes, weißes Tierchen über den Gehsteig und zwischen zwei parkenden Autos hindurch auf die Straße gelaufen. Der Hund sei hinterhergerannt und der Radfahrer ihm in die Seite gefahren und gestürzt. Durch den Sturz habe er sich die Kopfverletzung zugezogen. Allein die Bisswunde am Oberschenkel stamme von dem Hund, der sich schuldlos angegriffen gefühlt und darum zugebissen habe.

Übung 4

Lösungsvorschlag

Am 15.5., ca. 17.15 Uhr, brachte in Peinstadt in der Schnorrstraße ein Hund einen jungen Radfahrer zum Stürzen. Dabei zog sich dieser eine Kopfverletzung zu. Anschließend biss ihn der Hund in den Oberschenkel.

Als Frau Grämlich (79) mit ihrem Hund, einem Boxer, Gassi ging wie jeden Abend, kam aus dem Garten des Hauses mit der Nummer 13 plötzlich ein Tischtennisball geflogen, der von den beiden darin spielenden Jungen stammte, und rollte über den Gehsteig und zwischen zwei parkenden Autos hindurch auf die Straße. Sofort rannte der Hund hinterher. Der Radfahrer aber, ein junger Mann (ca. 20), dem die Sicht wegen der Autos genommen war, fuhr dem Tier in die Seite, woraufhin er mit seinem Fahrrad stürzte. Durch den Sturz zog er sich die Kopfverletzung zu. Die Gabel seines Rads, eines blauen Citybikes, verbog sich. Anschließend biss der Hund, der sich offenbar schuldlos angegriffen fühlte, den hilflos am Boden Liegenden noch in den rechten Oberschenkel. Der Verletzte wurde sogleich ins Kreiskrankenhaus eingeliefert.

Der junge Mann ist inzwischen auf dem Weg der Genesung. Der Sachschaden beläuft sich auf ca. 150 €.

D Die Vorgangsbeschreibung
1. Vom Bericht zur Beschreibung

Übung 1

Durchzustreichen sind die Sätze 1, 3, 4, 5, 9, 13, 18.

Übung 2

am 1. April	Ende März bis Anfang April
am 10. April	Anfang bis Mitte April
am 20. Mai	Mitte bis Ende Mai
am 15. Oktober	Mitte Oktober

Übung 3

	nach Satz
Kürbisse sind nämlich immer hungrig; man kann sie kaum überdüngen.	Nr. 11
Wenn die Kürbisse in der Nähe des Komposthaufens wachsen, bekommen sie nämlich genügend Nährstoffe.	Nr. 14
Kürbiskerne keimen nämlich am besten bei 22 bis 25 Grad.	Nr. 8

Übung 4

Lösungsvorschlag

Wie ich Kürbisse ziehe

Zunächst kümmere ich mich um die für die Anzucht erforderlichen Dinge: Komposterde, Düngemittel, Jogurtbecher und natürlich Kürbiskerne.
Ende März bis Anfang April kann ich dann mit der Anzucht beginnen: Ich fülle die Jogurtbecher mit der Komposterde und stecke je drei Kürbiskerne hinein. Anschließend stelle ich das Ganze an einen möglichst sonnigen und geschützten Platz für die Keimung. Kürbiskerne keimen nämlich am besten bei einer Temperatur von 22 bis 25 Grad. Anfang bis Mitte April beginnen normalerweise dann alle Kerne zu keimen. Nun gebe ich den jungen Pflanzen bereits zum ersten Mal Dünger, um dies von jetzt an alle zwei bis drei Tage zu wiederholen. Kürbisse sind nämlich immer hungrig; man kann sie kaum überdüngen. Mitte bis Ende Mai schließlich setze ich die kräftigsten Pflanzen aus. Ich stecke sie rings um den Komposthaufen im Abstand von ca. 70 cm in Pflanzlöcher, die ich zuvor ausgehoben und mit Komposterde angefüllt habe. Wenn die Kürbisse in der Nähe eines Komposthaufens wachsen, bekommen sie nämlich genügend Nährstoffe. Von nun an heißt es: Nur nicht vergessen, die Kürbisse ausreichend zu gießen. Aber mit Gießen allein ist es nicht getan. Ich dünge meine Kürbisse auch, und zwar mit Jauche aus Brennnesseln und Beinwell, einem sehr wirksamen Düngemittel.
Mitte Oktober ist dann Erntezeit. Viel Erfolg bei der Kürbiszucht!

Übung 5

... aus Kürbissen eine Suppe zubereitet, verfasse ich ein Kochrezept.
... Kürbiskernöl herstellt, verfasse ich eine Arbeitsanweisung.
... aus dem Kürbis die Kürbislampe macht, den so genannten „Jack O'Lantern", verfasse ich eine Bastelanleitung.

28 29

2. Das Kochrezept

Übung 1

Die Zubereitung des Pizzateigs
400 g Weizenvollkornmehl mit einem halben Teelöffel Salz mischen. In die Mitte eine Mulde drücken, 20 g Hefe hineinbröckeln, mit vier Esslöffeln lauwarmen Wassers begießen. Warten, bis sich die Hefe aufgelöst hat, dann 200 ml Wasser und 4 Esslöffel Olivenöl dazugeben. Alle Zutaten schnell zu einem Hefeteig verkneten. Den Teig an einem warmen Ort zugedeckt 15 Minuten gehen lassen, noch einmal durchkneten. Dann auf einem bemehlten Brett ausrollen, ein gefettetes Backblech damit auslegen, den Rand hochdrücken. Weitere 15 Minuten gehen lassen.

Übung 2

Lösungsvorschlag
Der Pizzateig ist die Grundlage für die Pizza, die vor allem bei Kindern und Jugendlichen so beliebt ist. Falls er aus Vollkornmehl gebacken wird, ist er sogar gesund, weil er reich an Ballaststoffen ist.

Übung 3

400 g Weizenvollkornmehl
einen halben Teelöffel Salz
20 Gramm Hefe
4 Esslöffel lauwarmes Wasser
200 Milliliter Wasser
4 Esslöffel Olivenöl

Übung 4

Lösungsvorschlag
Zunächst mische ich 400 g Weizenvollkornmehl mit einem halben Teelöffel Salz. Nun drücke ich in die Mitte des Gemisches eine Mulde und bröckele 20 g Hefe hinein, die ich mit 4 Esslöffeln lauwarmen Wassers begieße. Sobald sich die Hefe aufgelöst hat, gebe ich 200 ml Wasser und 4 Esslöffel Olivenöl dazu. Nun müssen alle Zutaten schnell zu einem Hefeteig verknetet werden. Nachdem ich den Teig an einem warmen Ort zugedeckt 15 Minuten habe gehen lassen, knete ich ihn noch einmal durch. Dann rolle ich ihn auf einem bemehlten Brett aus und lege ihn auf einem gefetteten Backblech aus, wobei ich den Rand hochdrücke. Nun muss ich ihn weitere 15 Minuten gehen lassen, fertig.

Übung 5

Die Champignons / Pilze schneide ich in dünne Scheiben.
Die Salami schneide ich in Scheiben.
Die Tomaten schneide ich in Scheiben.
Die Knoblauchzehe presse ich durch.
Das Basilikum / Die Kräuter hacke ich.

Übung 6

Welchen der drei Schlüsse du ankreuzt, bleibt dir überlassen.

3. Die Spielanleitung

30 31

Übung 1

Folgende fünf Verben sind zu unterstreichen:
schreibe, teile, lasse, skizziere, vermerke

Übung 2

- [x] Interesse für das Spiel wecken
- [x] Spielort (und Spieldauer) nennen
- [ ] Spielerzahl nennen
- [x] Spielgegenstände aufzählen
- [ ] Spielvorbereitung beschreiben
- [ ] Spielverlauf beschreiben

Übung 3

Da alle drei Ideen gut sind, gibt es hier keine eindeutige Lösung.

Übung 4

Lösungsvorschlag

Montagsmaler
Montagsmaler ist ein lustiges Spiel, das auch im Klassenzimmer gut gespielt werden kann und etwa eine halbe Stunde lang dauert. Die Spielerzahl liegt zwischen vier (abgesehen vom Spielleiter) und zwanzig Personen, die mindestens acht Jahre alt sein sollten.
Man braucht zwanzig leere Kärtchen, einen Stift, eine Tafel und Kreide.
Zunächst schreibt der Spielleiter auf jedes Kärtchen ein Substantiv. Nachdem die Teilnehmer in zwei gleich große Gruppen, Gruppe A und Gruppe B, aufgeteilt worden sind, kann das eigentliche Spiel beginnen.
Der Spielleiter lässt nun abwechselnd einen Mitspieler aus Gruppe A und einen aus Gruppe B eines der Kärtchen ziehen. Wer ein Kärtchen gezogen hat, skizziert den angegebenen Begriff so an der Tafel, dass seine eigene Gruppe ihn möglichst schnell errät. Es ist jedoch nicht erlaubt, durch Worte oder Gesten der eigenen Partei auf die Sprünge zu helfen. Gelingt es einem Mitspieler der eigenen Gruppe, den Gegenstand innerhalb der festgesetzten Zeit (z. B. 2 Minuten) zu erraten, bekommt die ganze Gruppe einen Strich, den der Spielleiter unter einem großen A für Gruppe A bzw. B für Gruppe B an der Tafel vermerkt.
Gewonnen hat die Gruppe, die am Ende mehr Striche erzielt hat.

Schluss für Anjas Vorschlag:
Für den Fall, dass die Begriffe zu schnell erraten werden, empfiehlt sich folgende Spielvariante: Der Spielleiter schreibt statt irgendwelcher Substantive nur „Teekessel" auf die Kärtchen, also Substantive die zwei Bedeutungen haben (z. B. Bank = 1. Sitzbank, 2. Geldinstitut).
Schluss für Beates Vorschlag:
Für den Fall, dass die Begriffe zu schnell erraten werden, empfiehlt sich folgende Spielvariante: Die Spieler zeichnen statt der Gegenstände selbst nur ihre Attribute, also z. B. statt eines Königs nur seine Krone.
Schluss für Claras Vorschlag:
Für den Fall, dass die Begriffe zu schnell erraten werden, empfiehlt sich folgende Spielvariante: Der Spielleiter schreibt statt einfacher Substantive zusammengesetzte Substantive, z. B. „Hundekuchen", auf die Kärtchen. Der vorgegebene Begriff kann dann entweder als ganzer gezeichnet werden oder aber seine Bestandteile einzeln.

32 | 33

4. Die Bastelanleitung

Übung 1

Lösungsvorschlag

Zum Basteln eines Solarrads brauchst du folgende Materialien:
einen Solarmotor mit Triebrad (sollte ab 0,15 Volt / 0,01 Amper laufen), eine eingebettete Solarzelle (Spannung mind. 0,5 Volt), eine quadratische Holzplatte (Seitenlänge ca. 10 cm), eine Küchenrolle (ohne Papier, auf 13 cm Länge gekürzt), dünnen Karton, einen Kunststofftrinkhalm (auf 5 cm gekürzt), einen Schaschlikstab (auf 72 mm gekürzt), zwei Spielsteine aus dem Mühlespiel, eine Luftschlange und einen dünnen Gummiring (Durchmesser 5 cm).
An Werkzeug brauchst du nur eine Schere; es ist gut, wenn du auch eine Lochzange hast. An sonstigen Hilfsmitteln benötigst du einen Bleistift und Klebstoff; falls du das Solarrad anmalen oder bekleben möchtest, auch Farben bzw. Aufkleber.

Übung 2

Lösungsvorschlag

2. Arbeitsschritt: Das Dach mit der Solarzelle montieren
Schneide zunächst das Dach (Abb. 2) aus dem Karton und knicke es in der Mitte ab. Nun führst du die Stromleitungen der Solarzelle von oben durch das Dachloch und klebst dann die Solarzelle auf eine der beiden Dachhälften. Den Dachträger (Abb. 3) klebst du von unten in das Dach hinein, indem du die schraffierten Dreiecke abknickst und als Klebeflächen verwendest (Abb. 4). Du kannst den Dachträger in die beiden dafür vorgesehenen Schlitze am Mantel stecken, sobald der Klebstoff trocken ist. Verbinde jetzt die Stromleitungen der Solarzelle mit den Stromleitungen des Motors: Verdrehe dazu die Enden der Leitungen mit den gleichen Farben miteinander.

3. Arbeitsschritt: Das Flügelrad mit Achse herstellen
Nun muss noch das dritte Bauteil, das Flügelrad mit Achse, gebastelt werden. Schneide zuerst das Flügelrad und die Scheibe A aus dem Karton (Abb. 5). Anschließend sind die beiden Spielsteine so zu durchbohren, dass der Schaschlikstab darin festen Halt findet (Abb. 6). Einen der beiden gelochten Spielsteine klebst du auf die Mittelscheibe des Flügelrads. Stecke den Schaschlikstab von der anderen Seite in den Spielstein und klebe ihn fest (Abb. 7). Unmittelbar neben dem Spielstein beginnst du die Luftschlange um den Schaschlikstab zu wickeln. Du wickelst so lange, bis die Luftschlangenrolle einen Durchmesser erreicht hat, der etwas kleiner ist als der des Spielsteins. Dann durchtrennst du die Luftschlange und klebst ihr Ende fest. Stecke nun noch Scheibe A auf und klebe sie an der Luftschlangenrolle fest.

4. Arbeitsschritt: Das Solarrad fertig stellen
Jetzt führst du den mit dem Flügelrad verbundenen Schaschlikstab, die Achse, in den Trinkhalm ein. Damit die Achse nicht zurückrutscht, steckst du den mit Scheibe B (aus Karton) beklebten zweiten Spielstein auf das Achsenende. Wenn du jetzt den Gummiring um das Triebrad am Motor und um die Luftschlangenrolle am Flügelrad stülpst, ist das Solarrad startklar: Sobald die Solarzelle auf die Sonne ausgerichtet ist, setzt sich das Triebrad und mit ihm das Flügelrad in Bewegung.

Weitere Informationen zum Solarrad auf S. 54.

5. Bewegungsabläufe / sportliche Übungen beschreiben

34 | 35

Übung 1

Lösungsvorschlag

Zunächst läuft der Weitspringer mit möglichst großer Geschwindigkeit zum Absprungbalken.

Übung 2

1. Nr. 2; 2. Nr. 5; 3: Nr. 1; 4. Nr. 3; 5. Nr. 4

Übung 3

In Phase 2 zeigt der linke Arm nach vorn oben, während der rechte Arm nach hinten unten weist.
In Phase 3 zeigt der linke Arm nach oben, während der rechte Arm nach vorn weist.
In Phase 5 zeigen beide Arme nach (vorn) unten.

Übung 4

Von Phase 2 zu 3: Während sich das Sprungbein nach hinten bewegt und dabei leicht anwinkelt, schwingt das Schwungbein nach vorn, wobei es sich streckt.
Von Phase 3 zu 4: Während sich das Sprungbein nach vorn bewegt und dabei seine Gestalt nicht ändert, bleibt das Schwungbein vorn, wobei es sich leicht anwinkelt.

Übung 5

Der Körper hat die so genannte Klappmesserhaltung eingenommen.	Phase Nr. 4
Es sieht so aus, als ob der Springer mit Siebenmeilenstiefeln über den Erdboden schreiten würde.	Phase Nr. 3
Absprungbein und Oberkörper liegen auf einer Linie.	Phase Nr. 1
Der Rumpf hat sich ein wenig nach rechts gedreht.	Phase Nr. 2
Der Springer befindet sich in einer Art Liegestützstellung.	Phase Nr. 5

Übung 6

Lösungsvorschlag

Zunächst läuft der Weitspringer mit möglichst hoher Geschwindigkeit zum Absprungbalken. Dabei sollte er darauf achten, dass er den Balken mit seinem Sprungbein (häufig das linke Bein) genau trifft, ohne ihn zu übertreten. Im Augenblick des Absprungs liegen das gestreckte Sprungbein und der Oberkörper auf einer Linie, die nach vorn oben zeigt. Kurz danach dreht sich der Rumpf infolge des von links erfolgten Absprungs ein wenig nach rechts. Gleichzeitig bewegt sich das Sprungbein nach vorn, während das Schwungbein kräftig nach hinten schwingt und dabei angewinkelt bleibt. Um die erfolgte Drehung zu korrigieren, bewegt der Springer den linken Arm nach oben. Am höchsten Punkt der Flugbahn greifen zudem die Beine weit aus, um so die Balance zu halten, wobei es so aussieht, als ob der Springer mit Siebenmeilenstiefeln über den Erdboden schreiten würde. Kurz vor der Landung nimmt der Körper die so genannte Klappmesserhaltung ein: Beide Arme zeigen nach vorn, die leicht angewinkelten Beine nähern sich dem Rumpf. Nur in dieser Haltung kann der Weitspringer ein optimales Ergebnis erzielen, da andernfalls die Füße zu früh aufsetzen. Sobald Bodenkontakt hergestellt ist, klappt das „Messer" aus: Das Becken gerät nach oben, während der Oberkörper nach vorne schnellt, sodass sich der Sportler zuletzt in einer Liegestützstellung befindet.

36 | 37

6. Naturwissenschaftliche Versuche beschreiben

Übung 1

Lehrer schüttet heißes Wasser in rotes Gefäß – stellt große, farblose Glasflasche hinein – Marek warnt, Flasche könnte zerspringen, was nicht passiert – ein paar Minuten warten – Luft in Flasche erwärmt sich und dehnt sich daduch aus – Lehrer erzählt inzwischen, wo sonst noch Vakuum vorkommt: z. B. bei Konservendosen oder in der Lunge – ermahnt Rolf, nicht ständig zu schwätzen – stülpt blauen Luftballon über Flaschenhals – nimmt Flasche aus Wasser – stellt Flasche auf Pult – geht mit dem Gefäß zum Wasserhahn – füllt Schale mit frischem, kaltem Wasser – stellt Flasche hinein – Rolf muss schon wieder ermahnt werden – Luft in Flasche kühlt ab und zieht sich dadurch zusammen: teilweises Vakuum entsteht – Ballon wird nach und nach in Flasche hineingezogen, verschwindet mit hörbarem Blubb im Inneren, bläst sich etwas auf – Mirjam, die Streberin, sagt, dass sie das schon vorher wusste

Übung 2

Durchzustreichen sind:
rotes, blauen, frischem

Übung 3

Lösungsvorschlag
Man braucht für den Versuch eine große, farblose Glasflasche, einen Luftballon und ein größeres Gefäß.
In das Gefäß wird heißes Wasser geschüttet und die Flasche hineingestellt. Nach ein paar Minuten hat sich die Luft in der Flasche erwärmt und dadurch ausgedehnt. Nun wird der Luftballon über den Flaschenhals gestülpt und das heiße Wasser durch kaltes ersetzt. Die Luft in der Flasche kühlt ab und zieht sich dadurch zusammen, sodass ein teilweises Vakuum entsteht. Die Folge davon ist, dass der Ballon nach und nach in die Flasche hineingezogen wird, bis er mit einem hörbaren Blubb in ihrem Inneren verschwindet und sich etwas aufbläst.

Übung 4

Beim Aufblasen eines Luftballons durch ein Vakuum handelt es sich um einen Versuch, der weder großes physikalisches Wissen voraussetzt noch handwerkliches Geschick erfordert. Zudem ist er völlig ungefährlich. ○

Könnt ihr euch vorstellen, dass ein Luftballon wie von Geisterhand bewegt in einer Flasche verschwindet und in ihrem Inneren auch noch aufgeblasen wird? Nein? Dann müsst ihr den folgenden Versuch unbedingt mal selbst ausprobieren. ⊗

Der im Folgenden beschriebene Versuch ist sehr zu empfehlen, da er praktisch keinerlei Kosten verursacht. Eine geeignete Flasche wird man in jedem Haushalt vorfinden und Luftballons werden in manchen Geschäften sogar kostenlos abgegeben. ○

Übung 5

Lösungsvorschlag
Achtung! Der Versuch gelingt nur dann, wenn eine große Flasche mit breitem Hals verwendet wird. Ist die Flasche zu klein, wird der Ballon nicht vollständig in die Flasche hineingezogen (da sich der Unterdruck in der Flasche schon vorher ausgeglichen hat). Ist der Flaschenhals zu eng, hat der Luftballon keinen Platz sich auszudehnen.

E Die Gegenstandsbeschreibung
1. Die Wegbeschreibung

38 39

Übung 1 Regel Nr. 1, 2 und 3.

Übung 2 Am Ende der Thalbacher Straße wird Simon möglicherweise in die Industriestraße einbiegen und nicht in die Driescherstraße.

Übung 3 gehen, überqueren, sich wenden, folgen, abbiegen, einschwenken, gelangen, marschieren, hinunterlaufen, kommen

Übung 4 zunächst, erst, anschließend, nun, daraufhin, jetzt, dann

Übung 5 Regel Nr. 4 und 5.

Übung 6 *Lösungsvorschlag*
Der von Jakob beschriebene Weg: Er führt nicht so lange an der viel befahrenen Thalbacher Straße entlang; er weist dort, wo Simon ihn überqueren soll, eine Fußgängerampel auf und ist darum nicht so gefährlich; er ist wohl auch kürzer.

Übung 7 *Lösungsvorschlag*
Ein paar Meter nur gehst du hier an der Straße entlang. Benutze dabei den Gehsteig auf der gegenüberliegenden Straßenseite, denn hier gibt es keinen. Dann biegst du rechts in die Fronängerstraße ein, die kurz vor dem hohen, fensterlosen Gebäude dort drüben beginnt. Anschließend schwenkst du nach wiederum nur ein paar Metern links in die Schäfflerstraße ein. Ihr folgst du bis vor zur Thalbacher Straße. Drücke wegen des starken Verkehrs auf jeden Fall die Fußgängerampel, bevor du die Straße überquerst. Jetzt trittst du in die ein wenig nach links versetzte Rhenobotstraße ein. Laufe auf ihr bis vor zur Industriestraße und beachte dabei, dass sie schon nach wenigen Metern einen Knick nach links macht. Schau nach links und nach rechts, bevor du die Industriestraße überschreitest, denn auch hier fahren viele Autos. Daraufhin wendest du dich zur ein wenig nach rechts versetzten Albinstraße. Nachdem du am Gymnasium vorbeigegangen bist, steht rechts vor dir die Hauptschule.

40 | 41

2. Die Tierbeschreibung

Übung 1

Der Fuchs (Pferd) unterscheidet sich von Schimmel und Rappen durch
☒ sein rotbraunes Fell
Die Wespe unterscheidet sich von Biene und Hummel durch
☒ ihren unbehaarten Körper
Der Dachs unterscheidet sich von Iltis und Wiesel durch
☒ den weißen Kopf mit schwarzen Längsstreifen
Der Tiger unterscheidet sich von Jaguar und Leopard durch
☒ sein gestreiftes Fell

Übung 2

Werner beschreibt den Boxer.

Übung 3

Vorderbein	→	Vorderlauf
Mund-Nasen-Gegend	→	Schnauze
Lippen	→	Lefzen
Fingernägel	→	Krallen
Hände	→	Vorderpfoten
Füße	→	Hinterpfoten

Übung 4

Lösungsvorschlag
Der Tyrannosaurus Rex ist zwar ein gewaltiges Tier, gehört aber nicht zu den größten Dinosauriern. Mit einer Länge von 15 m ist er doch deutlich kleiner als der Brachiosaurus, der 22 m lang ist. Als Fleischfresser unterscheidet er sich von diesem aber nicht nur durch seine Größe, sondern durch den gesamten Körperbau: Statt an einen behäbigen Elefanten zu erinnern, lässt der Tyrannosaurus Rex eher an ein behändes Reptil denken, das auf der Suche nach Beute allerdings nicht auf dem Boden dahinkriecht, sondern mit hoch aufgerichtetem Oberkörper einherrennt.
So unterscheiden sich auch die Schädel der beiden Tiere erheblich voneinander, vor allem in der Größe. Während auf dem langen Hals des Brachiosaurus ein vergleichsweise kleiner Kopf sitzt, hat der Tyrannosaurus Rex einen eher kurzen Hals, dafür aber einen riesigen, länglichen Schädel mit sehr kräftigen Kiefern. Diese sind mit langen Reihen scharfer Zähne bestückt, wie sie für das Zermalmen von rohem Fleisch erforderlich sind. Die Augen stehen hoch in der Stirn, Ohren sind keine zu erkennen. An den kurzen Hals schließt sich der wuchtige, aber keineswegs plumpe Rumpf an, der nahtlos in den Schwanz übergeht. Rumpf und Schwanz sind mit einer schuppigen und genoppten Haut überzogen, wie sie auch Reptilien aufweisen, nicht aber der Brachiosaurus, dessen Haut viel glatter ist. Wohl am augenfälligsten wird der Unterschied zwischen den beiden Tieren, wenn man die vorderen Gliedmaßen vergleicht: Während der Brachiosaurus säulenartige Vorderläufe hat, muss sich der nur auf den Hinterläufen gehende Tyrannosaurus Rex mit geradezu zierlichen Armen zufrieden geben. Immerhin weisen sie Krallen auf, und so dürften sie ihm zwar nicht beim Töten der Beute, wohl aber beim Fressen nützlich sein. Die kräftigen, aber nicht klobigen Beine schließlich erinnern an die des Hahns. Sie enden in scharf bekrallten Füßen. Mit ihnen dürfte der Saurierkönig seiner Beute den Todesstoß versetzen, bevor er sie mit weit aufgerissenem Maul verschlingt.

3. Beschreibung eines technischen Geräts

42 43

Übung 1

Größe:
lang – kurz
breit – schmal

Form:
eckig – rund
spitz – stumpf

Material:
stabil – brüchig
undurchlässig – porös

Oberfläche / Farbe:
glänzend – matt
genoppt – geriffelt

Übung 2

Discman:
Pausentaste
Wiedergabetaste
Zählwerk
Rückspultaste
Kopfhörerbuchse
Kopfhörerlautstärkeregler

Handy (Mobiltelefon):
Telefonbuchtaste
Tastensperre
Verbindungstaste
Löschtaste
Informationstaste
Ein-, Aus-, Endetaste

Übung 3

Handelt es sich um eine Herrenuhr?
Nein, um eine Damenuhr.
Hat die Uhr ein aus schmalen Metallplättchen zusammengesetztes Armband? Ja.
Hat sie ein ovales Gehäuse? Nein, ein rundes Gehäuse.
Hat sie einen Knopf an der Seite oder zwei? Einen.
Hat sie ein Zifferblatt mit Zeigern oder eine Digitalanzeige? Ein Zifferblatt.
Hat sie römische Ziffern? Nein, arabische.
Besitzt die Uhr einen Sekundenzeiger? Ja.
Sind Sekunden- und Minutenzeiger am Ende spitz? Ja.
Besitzt sie eine Wochentagsanzeige? Ja.

Übung 4

Lösungsvorschlag

Das mir geklaute Fahrrad ist ein pinkfarbenes Citybike mit 26-Zoll-Reifen und Aluminium-Rahmen. Der Hersteller ist „Sattler" und der Name des Modells lautet „Rasant". Ich habe das Fahrrad erst vor drei Wochen für 530 € gekauft.
Für den Fall, dass euch ein Fahrrad zu Gesicht kommen sollte, auf das die genannten Angaben zutreffen, hier noch einige Details. Das Fahrrad hat eine Nabenschaltung der Marke Manuba mit sieben Gängen. Die Schutzbleche sind schwarz. Besonders auffällig ist der robuste Mittelständer, den ich anstelle des sonst üblichen Seitenständers habe montieren lassen. Natürlich kann er inzwischen abgeschraubt worden sein. Auch der Fahrradcomputer, der zum Zeitpunkt des Diebstahls am Lenker befestigt war, dürfte inzwischen nicht mehr dort zu finden sein. Dafür aber werden die Lackkratzer im Rahmen nach wie vor sichtbar sein. Vor allem aber ermöglicht euch die Rahmennummer, die unten am Tretlager eingestanzt ist, eine sichere Identifizierung meines Fahrrads. Sie lautet: Y 702 28469.

44 45

F Die Personenbeschreibung

Übung 1

Durchzustreichen sind folgende Ausdrücke:

intelligent	unsympathisch	dürr
mutig	fett	gewissenhaft
dumm	cool	streng

Übung 2

	Ilse	Otto
Alter	ca. 50 Jahre	ca. 30 Jahre
Größe	etwa 1,80 m	etwa 1,50 m
Figur	schlank	beleibt
Kleidung	Ohrringe, Stöckelschuhe, schwarzes Abendkleid, schwarzes Halstuch mit weißen Punkten	Lederjacke mit Fransen, Jeans, Turnschuhe
besondere Merkmale	Muttermal auf der Stirn	Narbe auf der rechten Wange

Übung 3

	Ilse	Otto
Gesicht	schmal, knochig	breit, aufgedunsten
Haar	kurz, glatt	schulterlang, gelockt
Haarfarbe	schwarz	blond
Bart	—	Dreitagebart
Ohren	bedeckt	abstehend
Augenfarbe	grau	blau
Nase	schmal / lang	knollig

44 45

Übung 4

Lösungsvorschlag

Der Mann etwa 1,50 m groß und beleibt. Er trägt schulterlanges, gelocktes, blondes Haar und einen Dreitagebart. Seine Augen sind blau, seine Nase ist knollig. Der Entflohene wurde zuletzt in einer Lederjacke mit Fransen, Jeans und Turnschuhen gesehen. Auf der rechten Wange ist eine Narbe zu erkennen.

Übung 5

Folgende Angaben sind womöglich nicht mehr aktuell:

Kleidung:	Lederjacke mit Fransen, Jeans, Turnschuhe
Haar:	schulterlang, blond
Bart:	Dreitagebart

48 | 49

H Der sachliche Brief
1. Eine Einladung schreiben und beantworten

Übung 1

	1. Brief	2. Brief
Orts- und Zeitangaben fehlen.	○	☒
Das Pronomen *du* fehlt fast ganz, daher zu unpersönlich.	☒	○
Der Aufbau ist durcheinander geraten.	○	☒
Der Briefschreiber schmeichelt zu sehr.	○	○
Der Brief enthält viele Übertreibungen.	○	☒
Das Pronomen *wir* fehlt ganz, daher zu distanziert.	☒	○
Zu viele Verbindungen aus Substantiven und leeren Verben.	☒	○
Der Brief wirkt zu aufdringlich.	○	☒

Übung 2

Lösungsvorschlag

Berlin, 5. Juni 2002

Liebe Vanessa,

hiermit lade ich dich zu meiner Geburtstagsfeier ein. Sie findet am Samstag, den 15. Juni statt.
Wir treffen uns gegen 15 Uhr zunächst in unserem Gartenhäuschen bei Wansdorf. Dort essen wir die Geburtstagstorte und auch sonst wird für das leibliche Wohl gesorgt werden. Nach dem Essen machen wir dann einen Verdauungsspaziergang in den nahe gelegenen Wald, wo uns spannende Geländespiele erwarten. Lass dich überraschen! Gegen 18 Uhr werden wir dann wieder zurück sein. Nun steht noch der Besuch eines Schnellrestaurants auf dem Programm. Papa wird uns in seinen Kleinbus packen und nach Wedding zu McNature fahren, einem Schnellrestaurant, das auch Vollkornburger anbietet – ich weiß nicht, ob du schon mal dort warst.
Ich habe übrigens noch sechs weitere Klassenkameraden eingeladen, mit denen du dich prima verstehst. Also, ich würde mich sehr freuen, wenn du kommst. Wenn nur das Wetter auch mitspielt!

Hoffentlich bis bald

dein Rezzo

Übung 3

Lösungsvorschlag

Berlin, 7. Juni 2002

Lieber Rezzo,

über die freundliche Einladung zu deiner Geburtstagsfeier habe ich mich sehr gefreut. Ich bedaure nicht kommen zu können. Der Grund dafür ist, dass ich am Nachmittag eine Nachhilfestunde in Mathematik habe. Es ist nicht möglich, die Stunde vorzuverlegen. Da wir, wie du ja selbst weißt, am 17. Juni die letzte Mathematikschularbeit schreiben, möchte ich den Termin auch auf keinen Fall absagen. Ich hoffe, du hast Verständnis dafür.

Deine Vanessa

2. Eine Anfrage schreiben

50 | 51

Übung 1

Lösungsvorschlag

Vor allem interessiert uns die Frage, welche Bedeutung die Moschee für euer religiöses Leben hat. Aber natürlich wollen wir auch wissen, ob ihr euch dort noch zu anderen als religiösen Zwecken trefft. Einige aus unserer Arbeitsgruppe sind auch darüber erstaunt, dass eure Moschee gar nicht wie eine Kirche aussieht, und hätten gern eine Erklärung dafür. Bitte seid doch so freundlich uns außerdem mitzuteilen, ob es stimmt, dass Mädchen nur mit Kopftuch in die Moschee hineingelassen werden. Und eine letzte Frage: Ist es uns als Christen erlaubt, eine Moschee zu betreten?

Übung 2

Moschee des
Diyanet Türkisch Islamischen Kulturvereins
Fatma Gürses
Riesengebirgsstr. 6
85999 Mossing

Mossing, 17.01.2002

An das
Ritter-von-Frisch-Gymnasium
Lilli Ludwig, 6d
Albinstr. 5
85999 Mossing

Euer Schreiben / Eure Anfrage vom 10.01.2002

Liebe Mitglieder der Arbeitsgruppe „Junge Muslime in unserer Stadt", liebe Lilli,

vielen Dank für eure Anfrage. Die Aufgabe, eure Fragen zu beantworten, habe ich gern übernommen, da mir mein Glaube sehr viel bedeutet …

52 | 53

3. Eine Beschwerde schreiben

Übung 1

Missstand:
Direkte Sonneneinstrahlung im Klassenzimmer

Gründe für den Missstand:	
Fehlen jeglichen Sonnenschutzes	Ausrichtung der Fenster nach Südosten

Folgen in der Vergangenheit:	Folgen in der Gegenwart:	Folgen in der Zukunft:
Einsatz des Tageslichtprojektors nicht möglich	hitzebedingte Konzentrationsschwierigkeiten	steigendes Hautkrebsrisiko
Beleg (konkretes Beispiel):	Beleg (konkretes Beispiel):	Beleg (Berufung auf Autorität):
Erdkundelehrer verärgert	schlechte Note beim Abfragen englischer Vokabeln	Bestätigung des Hautkrebsrisikos durch den Biologielehrer

Übung 2,3,4 *Lösungsvorschlag*

Sehr geehrter Herr Bürgermeister Dingel,

lassen Sie uns, die Klasse 6a des Keplergymnasiums, heute mit einem Problem vor Sie treten, das uns seit ca. drei Monaten beschäftigt.	Selbstvorstellung
Uns macht die direkte Sonneneinstrahlung zu schaffen, der wir in unserem neuen Klassenzimmer Vormittag um Vormittag ausgesetzt sind.	Kurze Beschreibung des Missstandes
Keine Markisen, keine Jalousien, ja noch nicht einmal Vorhänge schützen uns vor dem grellen Licht.	1. Begründung für den Missstand
Und das, obwohl die Fenster nach Südosten ausgerichtet sind, sodass wir bei schönem Wetter den ganzen Vormittag in der Sonne sitzen.	2. Begründung für den Missstand
Im Februar und März hatte dieser Mangel noch keine gravierenden Folgen. Da wir während des Unterrichts unsere Schirmmützen aufbehalten durften, waren unsere Augen dem Sonnenlicht nicht unmittelbar ausgesetzt.	Folgen in der Vergangenheit
Allerdings konnte der Tageslichtprojektor nicht eingesetzt werden, was besonders unseren Erdkundelehrer ärgerte.	Beleg (konkretes Beispiel)
Nun aber hat sich die Situation verschärft. Die Sonne steht zwar schon höher am Himmel, sodass nicht mehr das ganze Klassenzimmer in Sonnenlicht getaucht ist und auch niemand mehr geblendet wird. Dafür aber setzt die Hitze denjenigen, die in der Fensterreihe sitzen, dermaßen zu, dass sie sich nicht mehr richtig konzentrieren können.	Folgen in der Gegenwart

52 | 53

Ein Mitschüler z. B., der sonst sehr gut in Englisch ist, hat letzten Dienstag offenbar nur deshalb beim Vokabelabfragen eine schlechte Note bekommen, weil er in der prallen Sonne saß.	Beleg (konkretes Beispiel)
Was aber werden erst die Spätfolgen der unfreiwilligen Sonnenbäder sein! Möglicherweise Hautkrebs!	Folgen in der Zukunft
Unser Biologielehrer wird Ihnen das bestätigen können.	Beleg (Berufung auf eine Autorität)
Wir haben uns bereits mehrmals beim Direktor unserer Schule beschwert. Aber es hat nichts geholfen. Nun wenden wir uns an Sie, da Sie als Bürgermeister unserer Stadt für den so genannten Sachaufwand unserer Schule letztlich verantwortlich sind.	Schritte, die zur Beseitigung des Übels bereits unternommen wurden
Bitte haben Sie Verständnis für unser Anliegen und sorgen Sie möglichst bald für Abhilfe.	Bitte um Abhilfe
Wir sind Ihnen auch schon dankbar, wenn Sie nur die Montage von Vorhangstangen in den nächsten Tagen veranlassen. Die Vorhänge würden wir dann selbst besorgen und das Geld dafür auslegen. Die Stadt könnte es uns zum Ende des Schuljahres zinslos zurückerstatten.	Unterbreiten eigener Vorschläge zur Abhilfe
Vielen Dank für Ihre Bemühungen.	Danksagung im Voraus

Mit freundlichem Gruß

Klasse 6a